MA MAISON,
MA RICHESSE

Catalogage avant publication de Bibliothèque et Archives Canada

Dubois, Robert

    Ma maison, ma richesse

    (Collection Guides pratiques)

    ISBN 978-2-7640-1210-9

       1. Immeubles – Investissements. 2. Immobilier – Aspect économique. 3. Habitations – Possession. I. Titre. II. Collection: Collection Guides pratiques (Montréal, Québec).

HD1382.5.D822 2007   332.63'24   C2007-940062-0

LES ÉDITIONS QUEBECOR

Quebecor Média

7, chemin Bates

Outremont (Québec)

H2V 4V7

Tél.: 514 270-1746

www.quebecoreditions.com

© 2007, Les Éditions Quebecor

Bibliothèque et Archives Canada

Éditeur: Jacques Simard

Conception de la couverture: Bernard Langlois

Illustration de la couverture: Theo Rudnak/Images.com/Corbis

Photo de l'auteur: Alizée Casavant Dubois

Conception graphique: Sandra Laforest

Révision: Francine St-Jean

Infographie: Claude Bergeron

Nous reconnaissons l'aide financière du gouvernement du Canada par l'entremise du Programme d'aide au développement de l'industrie de l'édition (PADIÉ) pour nos activités d'édition.

Gouvernement du Québec – Programme de crédit d'impôt pour l'édition de livres – Gestion SODEC.

Imprimé au Canada

MA MAISON,
MA RICHESSE

ROBERT DUBOIS
économiste

LES ÉDITIONS
Quebecor
QUEBECOR MÉDIA

À mes enfants Alizée et Jérémie,
ma passion, ma richesse.

INTRODUCTION

Pour préserver votre capital : rien de mieux que les valeurs sûres

Malgré les soubresauts du marché immobilier, posséder une maison demeurera encore pour longtemps le principal élément du patrimoine des ménages non seulement ici au Québec, mais aussi partout ailleurs en Amérique du Nord et en Europe.

D'où la nécessité pour les acheteurs de privilégier les propriétés dont les caractéristiques réduisent les risques de dépréciation de leur capital. Historiquement, ce comportement se manifeste par une forme de repli vers les valeurs traditionnelles et pratiques.

L'intérieur avant tout

Les gouvernements et les grosses entreprises licencient, compriment, localisent à nouveau et rationalisent. Qui donc est maintenant à l'abri d'une perte d'emploi si ces géants, qui assuraient la stabilité et reflétaient l'image de la sécurité, se mettent à fausser les cartes?

Cette psychose de la peur et de l'insécurité a un effet bien réel et fort documenté. C'est ainsi que la maison devient le dernier château fort du particulier, le seul endroit où il exerce encore un certain contrôle sur son environnement.

Selon ces analystes, c'est à l'intérieur de la maison que se dépensera dorénavant la plus grande part des revenus des consommateurs: rénovations, améliorations, cinéma maison, ameublement, décoration, repas, appareils d'exercice et de loisirs, électroménagers, etc.

Dans une telle perspective, l'allure extérieure de la maison perd quelque peu de son importance au profit de l'aménagement intérieur. On ne tente plus d'épater uniquement le voisin, mais on vise plutôt à rendre sa propre vie à l'intérieur la plus confortable possible.

Les trois chambres

Une grande maison, aussi belle et aussi vaste soit-elle, se vend moins bien qu'une propriété comparable avec, à tout le moins, trois chambres à coucher. À défaut d'utiliser ces pièces comme des chambres à coucher lorsque les enfants ont vieilli et quitté la maison, le propriétaire s'en servira dorénavant comme bureau à domicile, salle de couture, de lecture ou de musique.

Une salle de bains fonctionnelle

Les gens apprécient les grandes salles de bains dans la mesure où leurs dimensions ne les obligent pas à sacrifier une pièce de détente à l'étage.

La fonctionnalité demeurera, quant à elle, toujours plus rentable que l'aspect «m'as-tu-vu». Ainsi, deux lavabos de gamme intermédiaire sont plus appréciés qu'un seul avec une robinetterie de luxe.

Il ne faut pas non plus oublier le vieillissement de la population qui n'apprécie plus tellement d'enjamber une haute marche de podium pour accéder et pour sortir de la baignoire. Pour des raisons similaires, les cabines de douche de bonnes dimensions seront plus convoitées que les cabines plus design aux dimensions plus restreintes.

Tout au plus deux niveaux

Les maisons à paliers multiples ne plaisent pas à tous les acheteurs. Au cours des dernières années, l'expérience a fait la preuve qu'elles sont plus difficiles d'entretien, présentent de sérieux obstacles à la mobilité et imposent une surveillance plus serrée des jeunes enfants qui s'aventurent dans les nombreux escaliers.

Une maison à paliers multiples, dont le salon est, par exemple, en contrebas de la salle à manger, limite aussi les possibilités d'aménagement des pièces. Sans compter qu'une pièce en contrebas réduit la hauteur de dégagement du sous-sol.

Une maison ayant au plus deux paliers, comme dans le cas d'un cottage, présente une valeur plus sûre que les constructions échafaudées sur quatre ou même cinq niveaux.

Pour paresseux seulement

La civilisation des loisirs qui, selon les futuristes, devait arriver il y a trente ans, tarde toujours à se manifester. En effet, les gens n'ont jamais autant travaillé.

Les loisirs sont à ce point rares que le propriétaire moyen préfère les consacrer à autre chose qu'à l'entretien de sa propriété. La valeur sûre consiste donc à arrêter son choix sur une maison qui nécessite le minimum d'entretien, c'est-à-dire idéalement neuve, au revêtement d'agrégat, de brique ou de pierre et dotée de fenêtres de PVC ou d'aluminium. La couleur du revêtement a aussi son importance, puisque la propriété de brique verte accusera plus facilement son âge qu'une brique de teinte naturelle.

Une question de style

La renaissance de l'architecture victorienne et celle d'inspiration «manoir» sont une manifestation éloquente du retour aux valeurs sûres. Il faut voir dans ce phénomène une volonté de préserver le capital investi à l'achat de sa propriété et de s'attacher à un produit qui a, depuis des décennies, fait ses preuves en survivant à toutes les modes plus ou moins heureuses qui ont caractérisé au cours de cette période le secteur de l'habitation.

Pour protéger votre capital	
Très bonne rentabilité	**Rentabilité incertaine**
Trois chambres à coucher	Baignoire sur podium
Sous-sol pleine hauteur	Niveaux multiples
Fenêtres sans entretien	Broyeur à déchets
Vestibule fermé	Plafond cathédrale
Échangeur de chaleur	Turbine de toiture
Puits de lumière	Solarium tout vitré
Foyer à combustion contrôlée	Aménagement paysager exagéré

Votre résidence principale : le seul vrai abri fiscal

Votre résidence principale demeure le seul vrai abri fiscal et constitue plus que jamais la pierre angulaire de votre patrimoine. Puisqu'il en est ainsi, vous avez donc tout intérêt, lorsque viendra le moment de choisir votre prochaine propriété, de miser encore davantage sur les critères qui feront apprécier au maximum votre avoir immobilier.

Aux prises avec une dette nationale de plus de 500 milliards de dollars, le gouvernement fédéral a, au fil des dernières années, éliminé son déficit. Les abris et les programmes de report d'impôt ont donc été pris à partie. On a ainsi vu disparaître l'exemption sur les gains en capital, les restrictions de contribution aux fonds de travailleurs, plusieurs des déductions aux fins d'affaires ainsi que la possibilité de choisir le chalet comme résidence principale d'un des deux conjoints du ménage. Rappelons aussi que le REÉR n'a jamais été un abri fiscal, mais plutôt un programme permettant un report d'impôt. L'argent qui y est investi sera un jour imposé, puisque vous en retirerez des sommes au moment de votre retraite.

En pratique, le seul vrai abri qui demeure est le gain en capital réalisé à la revente de votre résidence principale. Cela veut dire que si votre maison vous a coûté 100 000 $ il y a dix ans et que vous la revendez aujourd'hui 250 000 $, le profit de 150 000 $ ne sera aucunement touché par l'impôt. Ni aujourd'hui ni demain !

C'est là d'ailleurs un des rares avantages fiscaux dont profitent les Canadiens. Quant à nos voisins américains, ils peuvent par contre déduire de leur revenu imposable les frais d'intérêt de leur hypothèque. Cela a pour effet de gonfler le prix des maisons à des niveaux nettement plus élevés qu'ici.

Une nouvelle approche

Le fait de profiter d'un gain en capital non imposable était considéré comme un avantage acquis pour la plupart des propriétaires. C'était, en quelque sorte, un boni auquel on n'accordait pas tellement d'importance. De plus, le choix d'une résidence principale tenait avant tout à des considérations émotives : aspect de la maison, sensation de confort, beauté des arbres, etc.

Mais voilà qu'avec la disparition des abris et des déductions fiscales de toutes sortes, vous avez intérêt à ajouter des considérations économiques à votre exercice de sélection.

Le retour aux principes d'évaluation

Ce n'est pas parce que la valeur des unifamiliales aurait augmenté en moyenne de plus de 50 % en cinq ans que toutes les propriétés ont encaissé une hausse sensible de leur valeur marchande. Cette donnée ne constitue qu'une moyenne. Il y a donc des maisons qui ont vu leur valeur varier de moins de 10 % par année, alors que d'autres ont profité d'une hausse plus marquée. Il faut, en tant que propriétaire, que vous mettiez tout en œuvre pour que votre maison bénéficie du maximum d'éléments jouant en faveur de l'appréciation maximum.

Le jeu en vaut certainement la chandelle lorsqu'on sait qu'une légère différence dans le taux d'appréciation provoque des écarts de dizaines de milliers de dollars en fin de période. La maison achetée 100 000 $ par votre beau-frère il y a dix ans a profité d'une appréciation annuelle moyenne de plus de 5 %; elle vaut donc aujourd'hui 162 000 $. La propriété de votre cousin, achetée au même prix et à la même époque mais bénéficiant d'une appréciation de 8 %, aurait, quant à elle, une valeur marchande de 216 000 $, soit 54 000 $ de plus que celle de votre beau-frère.

S'il avait su ce que réservait l'avenir et conscient de certaines règles élémentaires d'évaluation, votre beau-frère n'aurait peut-être pas fait le même choix il y a dix ans.

L'ACHAT ET LA VENTE

Cinq recettes pour enfin dire : « Bye-bye, logement ! »

L'importance de la mise de fonds pour l'achat d'une maison constitue l'obstacle principal à l'accession à la propriété pour bon nombre de ménages québécois. Les éventuels acheteurs parviennent donc avec de plus en plus de difficulté à accumuler le capital nécessaire à leur acquisition.

Afin de faciliter la tâche aux premiers acheteurs, je leur propose cinq façons de contourner ou d'atténuer cet obstacle.

■ Un prêt assuré à 95 %

La loi fédérale interdit aux institutions financières d'octroyer des prêts hypothécaires dont le montant dépasse 75 % du prix de la propriété ; ce type de prêt est appelé « prêt conventionnel ». La personne qui prévoit acheter une propriété de 120 000 $ doit disposer au bas mot de 30 000 $ sous forme de capital, le solde étant financé par un prêt conventionnel de 90 000 $.

Il va sans dire que peu de premiers acheteurs disposent d'une telle somme. Heureusement, ceux-ci peuvent profiter d'un prêt dit « assuré », dont le montant peut atteindre jusqu'à 95 % du prix de la maison. Ainsi, une propriété de 120 000 $ peut être achetée avec seulement 6000 $ de capital et non 30 000 $.

■ Quand le pont va, tout va...

Le prix des propriétés situées dans les grands centres dépasse de loin la valeur moyenne des propriétés comparables situées en banlieue et en zone semi-rurale. Les écarts peuvent être de l'ordre de 30 % selon que la maison est située dans l'île de Montréal ou de l'autre côté des ponts.

L'éventuel acheteur dont les disponibilités en capital sont limitées devra choisir entre demeurer locataire en ville ou déménager en périphérie, là où le prix moyen des propriétés est beaucoup plus bas.

3 Tolérer un locataire

À défaut d'être propriétaire d'un duplex, l'acheteur d'une unifamiliale peut tout de même profiter d'une source de revenus en offrant une de ses chambres en location.

Par contre, il faut choisir une propriété située dans un secteur en demande où le coût des logements conventionnels excède la capacité financière de la clientèle locale. Les maisons situées tout près des cégeps et des universités trouvent facilement des locataires.

4 Allô, papa ?

Les éventuels acheteurs dont les épargnes ne suffisent pas à combler les besoins en capital sont parfois tentés d'avoir recours à un prêt personnel. Cette solution, qui semble à première vue attrayante, n'élimine pas tous les problèmes, puisque l'acheteur doit disposer de revenus suffisants lui permettant de rembourser non seulement son hypothèque, mais aussi le prêt personnel.

Pour cette raison, la mise à contribution d'un membre de la famille, le plus souvent, s'avère beaucoup plus avantageuse.

Il ne s'agit pas de demander un don ou une part de votre héritage. Il suffit plutôt de demander un prêt dont vous ne paierez que les frais d'intérêt pendant une période déterminée. À la fin de cette période, vous pourrez refinancer la propriété et rembourser votre parent en puisant à même l'appréciation de votre immeuble.

La somme ainsi prêtée s'apparente alors à un billet à demande semblable à ceux que consentent les grandes institutions financières à leurs bons clients.

5 Sortez vos marteaux

La personne qui ne possède pas les ressources lui permettant d'acheter une grande maison neuve de 170 000 $ trouvera peut-être profitable d'en acquérir une plus petite située sur un terrain qui permet un éventuel agrandissement.

Neuf ou usagé?

L'acheteur doit se rappeler que les maisons neuves offertes par les constructeurs offrent des avantages dont la plupart des maisons existantes ne bénéficient pas. Avant de fixer définitivement son choix, il importe de se rappeler les principaux attraits d'une propriété neuve.

Une liberté de conception

L'acheteur d'une maison neuve a toute la liberté d'en faire construire une conforme en tous points à ses besoins. Il n'a pas, par exemple, à faire de concession sur les dimensions de la chambre à coucher principale ni sur la taille de la lingerie. De même, il est en mesure de choisir le type et la couleur du revêtement qui lui conviennent.

L'acheteur de la maison existante doit, quant à lui, accepter qu'un ou quelques éléments soient à refaire ou à modifier: la cuisine n'est pas de la bonne teinte, la moquette du salon est à remplacer, les sanitaires sont d'une couleur passée de mode.

L'odeur du neuf

Il existe encore des gens qui préfèrent les autos neuves uniquement en raison de l'odeur de plastique qu'elles dégagent. Une caractéristique qu'ils peuvent difficilement dénicher du côté des voitures d'occasion qui, malgré tout, offrent de belles aubaines à l'acheteur avisé.

Il en est de même en habitation. Certains acheteurs adorent l'odeur que dégage une maison neuve et tombent littéralement amoureux de la «senteur du placoplâtre (*gyproc*)».

Critère de sélection subjectif s'il en est un, cette préoccupation est souvent observée chez les acheteurs d'une première maison qui ont passé plusieurs années en tant que locataires dans des lieux qui ont été précédemment occupés par de nombreux autres ménages. Pour eux, acheter une maison neuve satisfait le besoin bien légitime de vouloir être les premiers à occuper et à profiter des lieux.

Des normes élevées

On croit toujours à tort que les maisons d'antan étaient mieux construites que celles d'aujourd'hui, d'où la préférence accordée par certains aux vieilles maisons. En fait, cette croyance est fondée sur une fausse perception. On oublie que les maisons d'antan qui existent toujours étaient à l'époque des maisons haut de gamme, appartenant à des grandes familles bourgeoises. Il existait à la même époque des résidences beaucoup plus modestes qui, depuis ce temps, sont disparues, car leur qualité d'assemblage laissait à désirer.

À titre de comparaison, les architectes et les constructeurs reconnaissent qu'une maison contemporaine comptant les meilleurs matériaux saura résister elle aussi tout aussi longtemps que les maisons bourgeoises du passé.

Nul besoin cependant d'acheter une maison de grand luxe pour pouvoir profiter aujourd'hui de matériaux résistants. Les maisons neuves sont, par exemple, nettement mieux isolées que les propriétés construites au cours de années 1970 alors que les normes d'isolation étaient moins élevées. Il en est de même pour les fenêtres, les sytèmes de chauffage et la composition des murs externes. Les revêtements de toiture sont aussi plus résistants et les foyers, plus efficaces.

L'absence de rénovations

Rares sont les maisons existantes qui ne nécessitent aucune réparation ou rénovation. Même la plus belle d'entre elles exige soit le ponçage du parquet, la peinture d'une chambre, le rajeunissement des fenêtres ou le remplacement des armoires de cuisine. Il s'agit de travaux inévitables qui ajoutent aux frais d'emménagement. Dans certains cas, l'ajout à la facture est considérable s'il s'agit de refaire la toiture, de corriger les fondations ou de remettre en état une galerie. L'acheteur de la maison neuve n'a pas à prévoir des déboursés additionnels pour des réparations, puisque sa propriété ne comporte que des matériaux neufs et que toutes les pièces et tous les éléments ont été construits en fonction de ses exigences. Dès son arrivée, il profite donc de sa nouvelle propriété. Il n'a plus qu'à y disposer ses meubles et à procéder à la tâche agréable de la décoration.

Le sous-sol : souvent une plaie !

Les gens qui visitent les maisons existantes à vendre déplorent souvent que les sous-sols ressemblent à de véritables zones sinistrées. Les matériaux utilisés pour l'aménagement sont de piètre qualité, la construction est de toute évidence faite par un profane ou, pis encore, le plafond et les murs sont couverts de stuc aux allures de stalactites.

Refaire à son goût un sous-sol déjà aménagé coûte cher, très cher. En contrepartie, l'acheteur de la maison neuve hérite d'un sous-sol dénudé dont il peut disposer à sa guise et au rythme de ses disponibilités financières. N'étant pas dans l'obligation de défaire pour ensuite reconstruire, il se trouve ainsi à compresser ses dépenses de près de la moitié.

Le financement facile

Une maison neuve peut toujours être financée au maximum prévu par la Loi des banques, soit 95 % de son prix, si cela convient évidemment à l'acheteur.

Le financement n'est pas toujours aussi généreux dans le cas d'une maison existante qui accuse de l'âge ou dont l'état inquiète le prêteur. Dans de tels cas, le prêteur hypothécaire limitera peut-être sa participation à 75 % ou moins du prix de vente, sans compter les frais de l'inspection de la propriété exigée par l'institution financière.

Dans le cas de la maison neuve, le prêteur est davantage conscient de la qualité de la propriété qu'il finance. Il sait que les travaux feront l'objet d'une inspection et que les normes à respecter l'assurent que la propriété conservera sa valeur marchande.

Des pièces à la mode

Les maisons neuves, même les plus petites, offrent tous les atouts à la mode: fenêtrage abondant, vitres thermos, grande salle de bains et comptoir repas attenant à la cuisine. Celles de plus de 250 000 $ disposent, quant à elles, d'une salle familiale au rez-de-chaussée, élément de plus en plus convoité par les acheteurs.

Pour ce qui est du propriétaire d'une maison existante, il connaît les coûts à assumer pour agrandir la petite salle de bains de sa maison construite en 1976 ou pour ajouter une rallonge qui servira de salle familiale qu'on ne désire plus aménager au sous-sol.

Le contrôle des déboursés

L'acheteur d'un maison neuve hérite d'une propriété en quelque sorte incomplète. L'entrée d'auto n'est pas asphaltée, la clôture n'a pas été érigée alors que l'aménagement paysager est maintenu à sa plus simple expression. La personne qui opte pour la maison existante profite, quant à elle, de tous ces éléments dès son arrivée dans les lieux.

Cependant, il ne faut pas y voir là un désavantage pour l'acheteur d'une maison neuve. Plutôt que de payer au moment de l'achat pour des éléments déjà en place qui ne conviennent pas toujours à ses goûts, il dispose d'une plus grande latitude, puisque tous les éléments à mettre en place seront adaptés à ses goûts et à son budget. S'il préfère le pavé imbriqué à l'asphalte, le propriétaire n'a donc pas à défaire l'entrée en place. Il n'a pas non plus à éliminer une clôture de bois s'il manifeste une préférence marquée pour le PVC.

Maison neuve : faut-il emprunter de votre REÉR ?

La proposition est alléchante. Vous souhaitez acheter votre première maison mais, comme des milliers d'autres personnes, vous ne disposez pas du capital nécessaire dans votre compte de banque. «Puisez alors dans votre REÉR», proposent les agents immobiliers et les préposés bancaires. Vous n'avez pas suffisamment d'argent dans votre REÉR? Ce n'est pas grave! Empruntez pour y verser des contributions et retirez ensuite les sommes nécessaires. Trop facile, trop beau pour être vrai? Probablement.

Merci, Ottawa!

Il est question ici du RAP (ou Régime d'accession à la propriété), programme fédéral qui permet aux premiers acheteurs de puiser à même leur REÉR pour financer leur achat, jusqu'à 20 000 $. Si vous prévoyez acheter une maison avec votre douce moitié, c'est alors 40 000 $ qui pourra être retiré de vos deux REÉR.

Éclaircissons tout d'abord une affirmation trop souvent galvaudée par plusieurs agents immobiliers : le REÉR n'est pas un abri fiscal. Il ne vous évite pas de payer de l'impôt, il ne fait que reporter la date à laquelle vous paierez éventuellement de l'impôt sur les sommes retirées. Idéalement au moment de votre retraite alors que votre taux d'imposition sera moindre que ce qu'il est présentement.

Le seul véritable «cadeau» du RAP, c'est que vous pouvez retirer aujourd'hui des sommes de votre REÉR sans les voir taxées d'impôts, à *la condition* que les montants retirés de votre régime soient remboursés au cours des quinze prochaines années. Sans quoi vous paierez la «galette»! Par exemple, un retrait de 20 000 $ vous oblige à rembourser 1333 $ par année jusqu'en 2018.

Un chausson avec ça?

Vous n'avez pas 20 000 $ dans votre REÉR? Pas même 1 $? Qu'à cela ne tienne, on vous proposera d'emprunter une somme équivalente aux cotisations que vous n'avez pas versées au cours des dernières années. Supposons que vous ayez droit de verser 22 000 $. Vous emprunterez 20 000 $ et vous réclamerez un remboursement d'impôt de 4000 $ à 5000 $ selon votre taux d'imposition actuel. Votre emprunt de 20 000 $ ne vous coûte donc que 15 000 $. Belle aubaine, croyez-vous.

Le retour à la réalité

Avant d'appeler votre banquier, je vous incite à répondre aux questions suivantes :

1. Pour quelles raisons n'avez-vous pas contribué à votre REÉR au cours des dernières années ? Aurez-vous plus de facilité ou de discipline pour rembourser sans problème les sommes empruntées de votre REÉR tout en trouvant les sommes additionnelles pour profiter des cotisations annuelles auxquelles vous avez droit ?

2. Aurez-vous suffisamment de latitude financière pour assumer le fardeau de toute cette dette si, en plus d'emprunter pour l'hypothèque, vous devez emprunter pour verser les 20 000 $ dans votre REÉR ? N'oubliez surtout pas que tout cet argent doit un jour être remboursé et qu'en étant propriétaire, vous devrez assumer un fardeau de dépenses auxquelles vous ne pensez même pas actuellement en tant que locataire.

L'hypothèque préautorisée : ne partez pas sans elle !

Il faut éviter de magasiner une maison dont le prix est nettement au-dessus de vos moyens. Lorgner une maison neuve de 200 000 $ est sans doute très agréable, mais vous serez déçu si votre banquier vous refuse le prêt dont vous avez besoin pour l'acheter. Vous éprouverez aussi peut-être une frustration à devoir accepter des contraintes budgétaires qui limitent votre choix aux propriétés beaucoup moins coûteuses.

La meilleure façon d'éviter cette situation est d'avoir, dès le départ, une idée du montant que vous pouvez obtenir sous forme de prêt hypothécaire. La plupart des banques, des fiducies et des caisses populaires comblent ce besoin en offrant le service du prêt hypothécaire préautorisé. Même si on annonce ce service comme quelque chose d'original, en fait, la plupart des institutions l'offrent depuis longtemps de façon informelle. Il suffit tout d'abord de communiquer avec le responsable des prêts hypothécaires d'une institution prêteuse. Il vous demandera des informations permettant de dresser le bilan sommaire de votre situation financière, comme vos revenus et le montant de vos dettes.

À partir de ces données, le préposé ou le gérant vous dira le montant maximum que vous pouvez obtenir sous forme de prêt hypothécaire. À ce stade-ci des démarches, l'institution ne fait pas de vérification au bureau de crédit. Celle-ci se fait uniquement lors de la demande officielle, une fois la maison choisie. L'octroi d'un prêt préautorisé est, dans tous les cas, soumis au résultat d'une évaluation de la propriété à acheter. Ce n'est pas parce qu'on dit vouloir vous prêter 150 000 $ que vous obtiendrez nécessairement ce montant. Il faut que la propriété achetée ait une valeur marchande qui justifie un tel risque de la part du prêteur.

La demande de prêt préautorisé ne coûte rien au client. Celui-ci peut même profiter d'un taux garanti pendant une période de 60 jours suivant sa demande. L'institution qui offre ce service y trouve aussi un avantage en établissant un premier lien avec un client potentiel. Une fois la maison choisie, il y a de grandes chances que l'acheteur s'adresse à nouveau à celle-ci pour faire une demande de prêt en bonne et due forme. Rappelez-vous que la plupart des banques et des caisses populaires offrent un tel service. Toutefois, toutes ne trouvent pas nécessaire de l'entourer d'un grand battage publicitaire.

Vous constaterez que les institutions prêteuses se montrent étonnamment généreuses lorsqu'elles établissent votre capacité de rembourser le prêt. Plutôt que de se fier au montant de votre revenu net, elles préfèrent établir les calculs en fonction de votre revenu brut. La différence est énorme. Ne tombez pas dans le piège, puisque c'est avec votre revenu net que vous allez devoir rembourser votre dette.

Cette façon de procéder donne l'impression que vous êtes en fait beaucoup plus riche qu'en réalité. N'oubliez pas que la maison en question devra aussi être meublée, décorée et entretenue ; qu'il y a une série de dépenses qu'il faut prévoir : taxes de mutation, notaire, déménagement, etc.

L'hypothèque : avez-vous 100 000 $ à gaspiller ?

Le marché du prêt hypothécaire a rarement été aussi avantageux pour le particulier qui magasine son premier emprunt ou songe à renégocier son contrat actuel. Cet avantage ne tient pas qu'au niveau des taux qui est historiquement très bas, mais aussi à la prolifération de produits hypothécaires qui ont tous pour but de respecter le mieux possible les besoins et les objectifs du client.

La nouvelle façon de s'enrichir

La faiblesse des taux d'intérêt et la volonté acharnée des institutions financières à trouver de nouveaux clients offrent l'occasion rêvée d'accélérer le remboursement de son emprunt hypothécaire.

Ainsi, l'argent que vous n'encaissez pas tout de suite en vendant votre maison avec un gros profit est ainsi compensé par la possibilité d'accroître rapidement votre patrimoine en réduisant le plus vite possible votre hypothèque à néant.

Vous êtes fort et puissant

En offrant des taux d'intérêt hypothécaires très bas, les banques, les fiducies et les caisses populaires ne font pas preuve d'une générosité débordante ou d'une magnanimité particulière envers leur clientèle. Les institutions ne font que suivre la politique monétaire imposée par la Banque du Canada, seule responsable de l'établissement des taux d'intérêt au pays.

Cela dit, les niveaux historiquement bas affichés par les prêteurs ne sont pas pour autant immuables, puisque le client le moindrement avisé peut réussir à les faire diminuer davantage. Si les consommateurs disposent d'un pouvoir de négociation réel, c'est que les institutions financières se mènent une chaude lutte pour obtenir des clients.

De plus en plus bas

Il n'y a qu'une seule façon de profiter d'un pouvoir de négociation avantageux pour vous: demandez! Vous serez étonné du nombre de préposés au prêt et de directeurs de succursales qui vous accorderont d'emblée une réduction de un quart de point de pourcentage s'ils dénotent chez vous le moindre intérêt à devenir leur client.

Rien ne vous interdit d'exiger une réduction plus importante par rapport aux taux affichés. Dites-vous qu'au pire, vous risquez tout simplement de vous faire dire non. Plus les sommes à emprunter sont importantes, plus il en va de votre pouvoir de négociation. La personne qui négocie un emprunt de 150 000 $ peut, dans la plupart des cas, obtenir de meilleurs taux que la personne ayant un dossier de crédit comparable qui ne demande que 30 000 $.

Les taxes influencent le style de votre maison

Les personnes qui prévoient faire construire une maison à la campagne, là où les terrains ont une grande superficie, ne subissent pas autant de contraintes que les citadins lorsque vient le moment de concevoir l'allure de leur future résidence.

En zone urbaine, les lots résidentiels sont nettement plus petits et ils excèdent rarement les 6000 pieds carrés. La tâche qui consiste à élaborer un plan de maison sachant respecter toutes les exigences municipales relève alors du véritable casse-tête. Ces contraintes sont la preuve qu'en ville, c'est avant tout la superficie, la forme du terrain et les impôts fonciers qui en découlent qui détermineront la taille, la forme et même le style de votre prochaine résidence.

Bien choisir son plan

Le choix d'un plan de maison est soumis à peu de contraintes lorsque votre terrain est de grandes dimensions. À la campagne, un terrain mesurant 5 acres ou même quelques dizaines de milliers de pieds carrés permet aisément d'y construire une maison à grande surface avec garage. Dans un tel contexte, le propriétaire n'ira pas ériger sa résidence à quelques mètres de la ligne de terrain de son voisin. De même, il ne coulera pas les fondations à 20 pieds de la rue ou du rang si son terrain présente une profondeur de 1/4 de mille. La maison de campagne peut évidemment être aussi large que le permet le budget de son propriétaire, puisqu'il y a suffisamment d'espace de chaque côté de la résidence pour ne pas enfreindre les droits de vue et les exigences municipales quant aux distances minimales à respecter par rapport aux lignes de terrain.

En ville, c'est une autre histoire

En zone urbaine, les terrains disponibles sont à la fois plus rares, plus petits et nettement plus coûteux qu'en zone rurale. Si la terre à la campagne se vend souvent 2 $ le pied carré et que les nouveaux lotissements résidentiels en zone semi-rurale sont offerts à 7 $ le pied carré, il faut compter dépenser au moins 12 $ le pied carré pour le moindre terrain situé en banlieue de Montréal ou des autres centres importants du Québec.

La personne qui souhaite ne pas débourser plus qu'un certain montant en impôts fonciers devra considérer ces facteurs au moment de la conception de sa maison dont la valeur ne saura excéder un certain plafond. En règle générale, un terrain étroit impose des impôts fonciers moins importants qu'un terrain de même superficie ayant une plus large façade dans la rue.

L'importance des marges

En connaissant le taux de taxation municipal et le coût des services, le propriétaire est en mesure de déterminer la somme maximum qui peut être consacrée à la construction de sa maison de façon à respecter à la fois son budget et la limite maximum des impôts fonciers.

Cette dernière considération n'est pas superflue; elle prend de plus en plus d'importance pour les éventuels acheteurs de maisons neuves comme existantes.

Que sert en effet de se faire construire une maison à prix intéressant si le compte de taxes est jugé démesuré par rapport à ses capacités financières?

Les secrets
d'une bonne vente

La recherche de la maison idéale comporte des règles incontournables. Sachez qu'il en est de même lorsqu'il s'agit de vendre cette même maison.

Le propriétaire qui ignore les règles élémentaires de mise en marché risque fort en effet de rater sa transaction ou, pis encore, de la réaliser à des conditions jouant nettement en sa défaveur. Vu les sommes importantes en jeu, la moindre erreur ou négligence de la part du vendeur peut entraîner un manque à gagner substantiel, d'où l'importance de ne pas brûler les étapes.

Un contexte particulier

Le marché immobilier a beau vivre un début de ralentissement, il s'effectue néanmoins un volume notable de transactions. En effet, malgré la hausse des taux d'intérêt, plusieurs propriétaires réussissent toujours à trouver preneur pour leur résidence. Cette réalité indéniable constitue la preuve que vous pouvez bel et bien réussir à vendre votre maison, dans la mesure où vous savez comment vous y prendre !

Faire affaire avec un agent immobilier

Les probabilités que vous vendiez rapidement votre maison et à votre prix tiennent à la possibilité de la faire voir par le plus grand nombre d'acheteurs potentiels.

Cela n'est pas toujours évident dans un marché où l'on ne compte qu'un seul acheteur potentiel pour quelque trente propriétés à vendre et, plus particulièrement, si votre maison est située dans un croissant, un cul-de-sac ou une rue peu passante.

Si tel est votre cas, vous avez peut-être intérêt à faire appel aux services d'un agent immobilier compétent. Celui-ci vous aidera aussi à déterminer la juste valeur marchande de votre propriété et se chargera des négociations avec l'acheteur ou son représentant. C'est aussi par le biais d'un agent que vous avez accès au réseau d'inscription informatique SIA (MLS en anglais) qui fait circuler l'inscription de votre propriété dans toutes les agences immobilières de la région.

Au Québec, on dénombre approximativement un agent immobilier par tranche de 500 habitants. Vous ne devriez donc pas éprouver trop de difficultés à dénicher un professionnel.

Un bon agent est une personne qui connaît le secteur dans lequel se situe votre maison. Il est au fait des forces et des faiblesses du secteur, de la réputation des écoles, des projets municipaux et de la situation locale de l'emploi. C'est pour toutes ces raisons qu'il pourra estimer la juste valeur marchande de votre propriété. Celle qui est inscrite à un prix réaliste trouvera plus facilement preneur qu'une autre inscrite à un prix déraisonnable.

Souvent, la personne qui tente de vendre soi-même sa propriété sans recourir à un agent commet l'erreur de mal évaluer sa propriété. Dans le cas d'une surestimation, cela éloigne les acheteurs sérieux alors que dans le cas d'une sous-évaluation, le propriétaire sacrifie des milliers de dollars qu'il croyait économiser en ne recrutant pas un professionnel pour le seconder dans ses démarches.

Ne pigez pas le nom d'un agent au hasard ou en vous fiant uniquement aux circulaires laissées à votre porte. Prenez le temps d'en rencontrer au moins trois de bureaux différents, que vous aurez sélectionnés en vous référant aux noms sur les pancartes les plus nombreuses de votre quartier, en vous adressant à des amis, à des connaissances et à des voisins qui ont eu récemment affaire à un agent et qui s'en disent satisfaits.

Demandez aux agents convoqués ce qu'ils prévoient faire pour faciliter la vente de votre propriété : annonces, visites libres, caravanes d'agents de tous les bureaux du secteur, etc.

Sachez que tous les agents n'accordent pas la même importance aux outils marketing à leur disposition. Certains croient que les visites libres sont peu efficaces, alors que d'autres préfèrent publier des annonces décrivant des maisons autres que la vôtre qui n'ont pour but que de susciter indirectement de l'intérêt pour votre inscription. Car, en immobilier, l'annonce n'a pas pour but de vendre la propriété décrite, mais a plutôt pour objectif de «faire sonner le téléphone» afin d'établir un contact avec des acheteurs.

Demandez aussi aux agents interviewés des références portant sur les propriétés qu'ils ont déjà réussi à vendre dans votre secteur. Informez-vous de l'écart entre le prix affiché de ces propriétés et le prix négocié.

Le bon agent n'a pas comme seul talent de bien estimer la valeur marchande de votre propriété. Il doit également vous rappeler promptement, vous tenir au courant de ses démarches et de l'activité entourant votre propriété.

Un petit mandat avec ça ?

Une fois votre agent choisi, vous devrez signer un contrat lui accordant le mandat d'assurer la mise en marché et la vente de votre propriété. Deux éléments doivent être négociés avec lui : la durée du mandat et la commission.

Dans un marché au ralenti, la plupart des agents demanderont un mandat de six mois, soit une période suffisamment longue pour garantir la rentabilisation des sommes investies par le professionnel à la mise en marché de votre propriété.

C'est en effet l'agent qui paiera pour la publicité, les pancartes et l'organisation des visites libres. Il assumera aussi les frais reliés au temps consacré aux visites et aux rencontres avec d'éventuels acheteurs.

Si la période du mandat est trop courte, l'agent risque fort de voir le contrat devenir échu avant d'avoir trouvé un acheteur. Les sommes investies jusqu'alors constituent une perte sèche pour l'agent. Dans un marché fébrile, comme celui que l'on a connu de 1983 à 1988, les mandats étaient souvent plus courts (trois mois) puisque les acheteurs potentiels étaient nettement plus nombreux.

Pour ce qui est de la commission, sachez qu'elle est aussi sujette à négociation. Les montants les plus souvent avancés par les agents sont de l'ordre de 6 % à 7 % du prix de vente. Vous pouvez évidemment offrir moins; au pire, l'agent risque de refuser votre offre.

Si vous négociez un pourcentage de commission sous la barre des 6 %, demandez à votre agent quelle en sera la répartition si l'acheteur est amené par quelqu'un d'autre. Afin d'intéresser les agents des autres maisons de courtage à votre propriété par le biais du réseau SIA, ceux-ci voudront presque toujours obtenir l'équivalent de 3 % du prix de vente, la différence demeurant aux mains de l'agent inscripteur.

Le temps, le temps...

Vendre sa maison soi-même dans un marché au ralenti exige beaucoup plus de temps et d'efforts que lorsque le marché fonctionne normalement.

Il faut non seulement installer sa pancarte, mais aussi annoncer dans les journaux appropriés. Vient ensuite le filtrage des appels, afin de vous assurer que les personnes qui se disent intéressées aient bel et bien les moyens de se porter acquéreur de votre maison. C'est ce qu'on appelle la qualification des acheteurs, un processus indispensable.

Il faut aussi que vous assuriez une présence téléphonique pendant votre absence, habituellement un répondeur. Il faut également préparer des feuilles de rappel à remettre aux passants qui se présenteront lors des visites libres que vous serez évidemment seul à organiser.

Enfin, il faudra assumer seul la tâche de négociation avec l'éventuel acheteur. Un manque d'expérience à cet égard peut vous coûter des milliers de dollars ou mener à l'échec de la transaction.

Évitez les trucs éculés

Les acheteurs de maisons sont moins naïfs qu'auparavant. L'époque où les acheteurs potentiels se laissaient impressionner lors d'une visite par l'odeur de caramel fondu ou de bâton de cannelle qui brûle au four est désormais révolue.

Il vaut mieux étonner les acheteurs en évitant les trucs éculés au profit d'éléments qui frappent davantage leur imagination et qui répondent de façon plus pratique à leurs besoins.

Vous accorderez ainsi plus d'importance à l'allure de votre porte d'entrée en accrochant une couronne et en déposant un tapis d'accueil original.

Assurez-vous que vos grandes pièces paraissent ainsi à l'acheteur en remisant les meubles surdimensionnés et en libérant le surplus de la garde-robe d'entrée.

Retirez vos moquettes si vos planchers de bois franc sont particulièrement beaux et reluisants. Vous accentuerez l'impression de grandeur tout en ajoutant à la luminosité des pièces. Vous pouvez même accroître l'intensité de l'éclairage en remplaçant les ampoules de 60 watts par des ampoules de 75 ou de 100 watts afin de mettre en valeur l'état de vos pièces dans l'éventualité où l'acheteur se présente chez vous le soir.

Avez-vous besoin d'un agent immobilier?

La possibilité d'épargner des milliers de dollars en commission incite plus d'un propriétaire à vendre sa maison sans l'aide d'un agent immobilier. Si l'expérience s'avère facile pour des maisons situées dans des quartiers en forte demande, elle peut par contre s'avérer décevante lorsque le propriétaire ne dispose ni du temps, ni de la patience, ni du sens de l'organisation qu'exige un tel projet.

L'argent épargné

Vendre sa maison par l'intermédiaire d'un agent coûte l'équivalent de 6 % ou de 7 % du prix de vente selon que le mandat est du type exclusif ou mis en circulation sur le réseau SIA. Le pourcentage de commission est théoriquement sujet à négociation. Plusieurs directeurs de bureaux refusent toutefois que leurs agents travaillent à rabais dans le domaine résidentiel.

Une maison vendue 200 000 $ représente une commission de 12 000 $ ou 14 000 $, une somme considérable pour le travail d'un agent qui, à première vue, agit comme simple intermédiaire entre le vendeur et l'acheteur.

Le montant versé en commission est d'autant plus important lorsqu'on tient compte du profit qu'il vous reste en main une fois que vous aurez remboursé l'hypothèque. Si vous vendez 200 000 $ une maison ayant une hypothèque de 100 000 $, il vous restera 100 000 $. Les 12 000 $ versés en commission représentent alors 12 % de vos profits. Si l'hypothèque est de 150 000 $, le profit ne sera plus que de 50 000 $ et la commission représentera alors 24 % de vos profits! Plus l'hypothèque est importante, plus la commission représente une part importante des profits.

Ce que fait l'agent

Un bon agent doit tout d'abord vous aider à déterminer un prix de vente réaliste. C'est en étudiant les «comparables» dans le quartier qu'il le déterminera. L'agent peut aussi vous indiquer les petites améliorations à apporter à la propriété afin d'en faciliter la vente. Il s'attèlera ensuite à la tâche de faire connaître votre propriété au bassin d'éventuels acheteurs. Il consultera sa propre liste de clients potentiels, fera circuler l'inscription à l'intérieur du réseau SIA et sur Internet, et annoncera la propriété dans les quotidiens et les revues spécialisées.

Un bon agent doit aussi se montrer disponible pour faire visiter la maison et négocier avec l'éventuel acheteur. Tous les agents n'ont pas les mêmes compétences. Le propriétaire insatisfait du travail de son agent peut exiger que la vente de sa maison soit confiée à un autre travaillant pour le même courtier, car il a mandaté le *courtier* et non l'*agent* pour vendre sa maison.

La vendre soi-même

La description des tâches de l'agent ne semble pas, de prime abord, très compliquée. La personne intéressée à vendre elle-même sa maison doit toutefois se rappeler que l'agent possède trois atouts dont elle ne dispose peut-être pas: le temps, la connaisance du marché immobilier et l'accès au réseau SIA.

Vendre soi-même sa maison exige beaucoup de temps. Il ne suffit pas d'installer une pancarte sur la pelouse avant. Il faut aussi faire connaître sa propriété par les annonces, les parents et les amis. Vous aurez également besoin de beaucoup de temps pour répondre aux appels et faire visiter la maison. La mention du prix de vente dans les annonces permet heureusement de filtrer les appels, ce qui vous épargne un temps précieux.

L'agent immobilier compétent connaît les caractéristiques de votre quartier, les prix, le profil des acheteurs, les services disponibles et les délais normaux de vente. Vendre vous-même votre maison exige que vous vous familiarisiez avec tous ces éléments.

Toutefois, plusieurs propriétaires «trichent» et se rendent tout d'abord chez un courtier qui, croyant avoir affaire à un futur client, lui fournit de bonne foi toutes ces informations.

Savoir fixer le prix

L'erreur la plus courante des propriétaires qui souhaitent vendre eux-mêmes leur propriété est de ne pas savoir fixer un prix réaliste. Il s'agit souvent d'une erreur d'estimation de 10 000 $ pour éliminer la rentabilité de vos efforts. À quoi sert de vendre soi-même sa maison si le prix obtenu est en deçà de sa valeur marchande? Heureusement, le propriétaire peut facilement combler cette lacune en faisant évaluer sa propriété par un évaluateur agréé pour environ 400 $ ou s'enquérir du prix des propriétés voisines récemment vendues. Il ne faut pas non plus faire l'erreur inverse en affichant un prix trop élevé. Vous risquez de ne jamais trouver d'acheteur.

Ce qu'il faut faire

Vendre soi-même sa maison comporte plusieurs étapes et exige un minimum de déboursés.

1. Déterminer la juste valeur marchande de la propriété : 400 $;

2. Mettre en valeur la maison (ménage intérieur et extérieur) : 1000 $ et plus;

3. Acheter une pancarte : 30 $;

4. Payer les petites annonces : 50 $ par semaine;

5. Acheter un répondeur : 100 $;

6. Faire des photocopies (description détaillée de la propriété avec photos): 10 $;

7. Acheter des formulaires d'offres d'achat: 20 $;

8. Fournir toutes les factures: chauffage, réparations, entretien, etc.;

9. Assurer une présence pour les visites;

10. Préparer les éléments nécessaires à la négociation;

11. Négocier avec l'acheteur;

12. Signer les actes devant le notaire.

Est-ce pour vous?

Vouloir se substituer à un agent immobilier ne convient pas à tous les tempéraments. Vous devrez notamment négocier avec des inconnus, une perspective qui déplaît à bon nombre de vendeurs qui préfèrent confier la tâche à un tiers. Le processus de négociation n'est pas non plus dénudé de certaines règles techniques. La personne qui ne possède aucun talent de négociateur ne pourra convaincre l'éventuel acheteur d'offrir le prix le plus élevé.

Certaines maisons sont plus faciles à vendre que d'autres. Une propriété au cœur d'Outremont ou du Vieux-Longueuil trouve plus facilement preneur que si elle est située dans un rang à la campagne ou dans une localité où l'employeur principal a quitté la ville.

Les propriétaires de maisons situées dans une rue peu achalandée ou dans un quartier qui n'est pas en forte demande devront attendre plusieurs mois avant de dénicher un acheteur. La période sera d'autant plus longue si aucun agent n'est mêlé au dossier.

La visite d'une maison à vendre : prenez le temps d'observer

Magasiner une nouvelle maison s'avère une tâche nettement plus compliquée qu'il ne le semble à première vue. D'une part, parce que le nombre de propriétés offertes demeure limité et, d'autre part, parce que bon nombre d'acheteurs potentiels négligent de définir précisément leurs besoins. Ils n'ont alors d'autre choix que d'espérer le «coup de foudre».

Si tout le monde aime les coups de foudre, l'expérience démontre que ce n'est pas, à long terme, la meilleure façon de choisir un partenaire amoureux ni une nouvelle résidence.

Petites et grandes pièces

Vous passez devant une maison à vendre qui vous intrigue ou votre agent immobilier vous avise d'une nouvelle propriété sur le marché. Allez tout d'abord consulter la fiche d'inscription de la maison sur le site de SIA. Dans bien des cas, vous y trouverez plus d'une photo, tant de l'intérieur que de l'extérieur.

Ce que vous trouverez à l'occasion, ce sont les dimensions des pièces et, dans la moitié des cas, il ne sera pas fait mention de la superficie habitable des lieux.

Il est donc utile de s'armer d'un mètre à ruban lors des visites. C'est d'autant plus nécessaire que le profane n'a pas l'habitude d'estimer avec précision la dimension des pièces et de les comparer avec celles de sa propriété ou de son logement actuel. La difficulté d'estimation est d'autant plus grande lorsque les pièces de la maison visitée sont vides. À l'inverse, une pièce surchargée de meubles et de bibelots donne l'impression qu'il manque de place.

En arrivant dans la maison à vendre, vous serez peut-être impressionné par la décoration ou l'impression d'un grand volume intérieur créé par l'absence de cloisons. Ainsi, un rez-de-chaussée à aires ouvertes semble à première vue attirant, mais l'absence de cloisons peut rendre plus difficile la disposition des meubles que vous possédez déjà. Vous voulez acheter une nouvelle maison, mais souhaitez-vous vraiment remplacer tous vos meubles ?

En avoir pour son argent

Pour avoir visité des centaines de maisons au fil des ans, je suis toujours amusé d'observer les réactions des autres acheteurs potentiels qui se trouvent souvent sur place, notamment lors des visites libres du dimanche.

En effet, les gens remarquent la décoration, les teintes, la qualité des meubles et des tapis. Il arrive aussi qu'ils s'extasient devant une cuisine récemment rénovée, mais ne notent pas le contraste avec le reste de la maison qui, lui, n'a pas encore fait l'objet de travaux majeurs. La décoration, la cuisine neuve, c'est bien beau... dans la mesure où ça ne vous fait pas oublier l'essentiel !

Un exemple récent me vient à l'esprit. Une maison unifamiliale, située sur un terrain de 5200 pieds carrés et mise en vente à 300 000 $, n'avait aucun vestibule, la porte d'entrée donnant directement sur le salon. En outre, initialement, la maison disposait de trois chambres au rez-de-chaussée et l'une fut éliminée pour créer une salle à manger. Les deux chambres restantes, petites, servaient aux enfants alors que les parents avaient aménagé une chambre dans l'ancien garage situé à un demi-niveau entre le rez-de-chaussée et le sous-sol. Esthétiquement dans ce cas-ci, la conversion du garage avait été un échec.

Pis encore, cette maison, dont le prix excède la moyenne du secteur, ne dispose que d'une seule salle de bains. Il n'y avait aucune salle d'eau ni aucune salle de bains au sous-sol ou ailleurs dans la maison, et les visiteurs n'avaient pas remarqué cette lacune.

En fait, ils ont passé plus de temps à examiner le sous-sol que le rez-de-chaussée, ce qui en soi est illogique à moins que le sous-sol n'ait fait l'objet d'une conversion coûtant des dizaines de milliers de dollars. Dans ce cas-ci, on parle plutôt de murs et de planchers recouverts de vieilles planches de bois donnant à l'ensemble une allure de chalet un peu délabré.

Sur le plan de l'investissement, il ne faut jamais considérer le sous-sol comme s'il s'agissait d'un rez-de-chaussée ou d'un étage. Chose certaine, on ne choisit *jamais* une propriété pour l'apparence de son sous-sol.

Allez jouer dehors

L'examen du terrain et de la structure extérieure de la maison vous donne non seulement une bonne idée de la qualité de l'entretien dont elle a fait l'objet, mais il vous indique aussi si vos projets d'aménagement sont réalisables. Il ne s'agit pas ici de vous improviser inspecteur en bâtiment, mais tout simplement de trouver les atouts et les faiblesses de la propriété avant même de faire appel à un professionnel qui vous coûtera environ 300 $.

Un examen rapide vous indiquera l'état de la toiture, du revêtement et des cadres de fenêtres. Bien souvent, l'état d'une clôture de bois vous permet de connaître la nature des relations avec les voisins, surtout si l'un des côtés est négligé alors que les deux autres sont en bon état.

Vous serez aussi intéressé par le degré d'intimité qu'offre la cour arrière. Pouvez-vous l'améliorer si elle est déficiente ? De quelle façon et à quel coût ?

Vous rêvez d'une piscine creusée ? Assurez-vous que la marge latérale de la maison permet le passage de la machinerie et de l'excavatrice.

Les grands oubliés

Ne vous contentez pas d'une seule visite des lieux si la propriété vous intéresse. Ne faites surtout pas l'erreur de vous fier à une visite effectuée le soir alors que le soleil s'est déjà couché. Le temps idéal pour visiter une maison est évidemment le jour; on juge mieux le degré d'ensoleillement et l'état général des lieux, tant intérieur qu'extérieur.

Mais surtout, payez-vous le luxe de visiter le quartier la fin de semaine. Vous y constaterez, entre autres, s'il y a beaucoup d'enfants dans le voisinage et s'ils sont en âge de jouer avec les vôtres. Vous pourrez aussi mieux évaluer l'intérêt que portent les voisins à leurs propriétés. Allez-vous habiter la maison la mieux entretenue d'un quartier négligé ou la maison la mieux entretenue dans un quartier qui l'est tout autant?

Le niveau de bruit du quartier est également plus facile à estimer le jour que la nuit. Les autobus passent-ils tout près et à toute heure? Venez-vous de réaliser, comme je l'ai fait lors de la visite d'une maison à Repentigny, qu'une voie ferrée est à proximité? Bonne chance et bon sommeil!

Pour acheter, il faut vendre

Malgré le ralentissement, le marché immobilier demeure néanmoins actif dans bien des régions du Québec. Il est donc fort probable que votre maison trouve rapidement preneur si vous la mettez en vente aux bonnes conditions. Votre empressement à la vendre est peut-être aussi conditionnel à la date de livraison de votre maison neuve. Pas facile de tout coordonner!

Il faut vous assurer plus que jamais que le prix demandé reflète bel et bien la valeur de votre propriété. S'il est trop bas, ce sont des milliers de dollars que vous perdrez et ce n'est certainement pas à la Bourse que vous pourrez les récupérer. N'oubliez pas non plus que l'argent perdu en fixant un prix trop bas représente en réalité une somme encore plus importante qu'affichée puisque le profit que vous réalisez à la vente de votre résidence principale est toujours exempt d'impôt. En d'autres mots, si vous vendez votre maison 10 000 $ de moins que ce qu'elle vaut, c'est entre 15 000 $ et 20 000 $ qu'il vous faudra réaliser ailleurs pour compenser cette perte.

Si vous faites l'erreur inverse et exigez un prix trop élevé, la propriété demeurera nettement plus longtemps sur le marché. Vous risquez alors de la «brûler» auprès des acheteurs potentiels et des agents qui s'en désintéresseront.

Les experts

Comme tout autre bien, la valeur d'une propriété est avant tout fixée par le jeu actuel de l'offre et de la demande. Il ne faut donc pas vous fier au prix que votre voisin a obtenu pour une maison semblable à la vôtre vendue il y a six mois ou un an.

Il y a trois façons d'évaluer une propriété : sa valeur de reconstruction, sa valeur locative et sa valeur marchande. Pour ce qui est de la revente d'une maison unifamiliale, c'est toujours la valeur marchande qui nous intéresse le plus. Deux experts, l'évaluateur agréé et l'agent immobilier, sont en mesure de vous en fournir une image assez précise. Le premier consacre la plupart de son temps à l'évaluation pour les assurances et le financement hypothécaire, tout en étant en mesure d'estimer la valeur marchande pour la revente. Un tel exercice auprès d'un évaluateur agréé vous coûtera 300 $ ou plus.

Le second consacre tout son temps à parfaire ses connaissances du marché de la revente de son secteur. Il est donc souvent mieux placé que l'évaluateur agréé pour sentir le pouls du marché. L'agent immobilier peut vous fournir gratuitement une appréciation de la valeur marchande de votre maison, sans frais.

Vous avez même intérêt à obtenir une telle appréciation auprès de plus d'un agent. S'ils ont bien fait leur travail, les écarts d'estimation seront minimes. S'il y a des écarts importants, ne vous gênez surtout pas pour demander des explications.

Vivre en condo près du métro pour moins de 200 000 $

Le métro est à la vie urbaine ce que les autoroutes sont à la vie de banlieue. Habiter tout près d'une station de métro vous fait non seulement économiser des coûts de transport tout en aidant à améliorer la qualité de l'air, mais accroît aussi votre qualité de vie en vous faisant rapidement accéder à tous les services commerciaux et culturels.

Sachez que Montréal est l'une des rares capitales de même taille qui offre la possibilité de devenir propriétaire près d'une station de métro pour moins de 200 000 $. En fait, plus d'une vingtaine de nouveaux ensembles en copropriété possèdent ces caractéristiques.

Le choix du quartier

Sans être aussi vaste que les métros de Paris, de Londres ou de New York, celui de Montréal étend néanmoins ses tentacules dans la majorité des quartiers de la ville. Ceux dans lesquels on trouve des copropriétés neuves situées à proximité d'une station de métro sont d'ailleurs fort nombreux: Villeray, Rosemont, Mercier, Hochelaga-Maisonneuve, Plateau-Mont-Royal, Centre-Sud, Notre-Dame-de-Grâces, centre-ville et Vieux-Montréal.

Au moment du magasinage, les acheteurs de copropriétés se comportent tout comme les acheteurs de maisons unifamiliales. La priorité est d'abord donnée au choix du quartier, puis au choix de la propriété à l'intérieur de celui-ci. Dans la majorité des cas, le choix du quartier est déterminé par les considérations familiales (soit l'endroit où habitent vos parents ou au secteur dans lequel vous-même avez été élevé) et de travail. Il est en effet assez rare de dénicher un propriétaire ayant été élevé dans Ahuntsic qui décide de s'établir tout d'abord à Rivière-des-Prairies, Saint-Michel ou Pointe-aux-Trembles. Donc, l'attachement affectif demeure une considération importante au moment du choix du quartier. Évidemment, rien ne vous assure que celui-ci recèle le type de propriété que vous recherchez. Vous devrez alors élargir vos recherches en vous servant du quartier idéal comme point de référence. Si, par exemple, le Plateau-Mont-Royal est votre quartier idéal mais inaccessible, vos recherches se porteront alors sur les quartiers voisins. C'est en adoptant cette démarche dite du «colimaçon» que vous réussirez plus facilement à trouver le secteur qui vous convient.

Le style de vie

En admettant que les considérations familiales et de travail sont pour vous secondaires, votre choix sera alors orienté vers le style de vie recherché. Habiter le Plateau-Mont-Royal présente des avantages et des désavantages bien différents que dans le Vieux-Montréal ou aux abords du canal Lachine.

La présence de jeunes enfants constitue une variable tout aussi importante puisque vous accorderez la priorité à la proximité des écoles, des garderies et des parcs, sans compter la présence dans la même rue de familles ayant elles aussi des enfants.

Il n'y a rien d'identique

Si la majorité des condos offerts à moins de 200 000 $ sont de type copropriété-appartement, ils ne sont pas forcément identiques dans leur construction ni dans leur style architectural. Au moment de choisir votre unité, vous devrez donc accorder une importance capitale à son emplacement à l'intérieur de l'immeuble puisque, un jour, il devra être remis en vente. Au meilleur prix, espérez-vous. Les caractéristiques recherchées par les acheteurs sont : l'ensoleillement, l'absence de bruit et l'intimité maximale. Ainsi, il n'est pas sûr qu'une unité située du côté nord de l'immeuble tout juste à côté de la chute à déchets et de l'ascenseur garantira la meilleure appréciation au fil des ans.

L'insonorisation des condos : encore imparfaite

Le manque d'insonorisation demeure la plainte principale des propriétaires de condos, malgré les améliorations apportées à ce chapitre par bon nombre de promoteurs et de constructeurs.

Chose certaine, les acheteurs éventuels de condos, et plus particulièrement les jeunes propriétaires ayant un budget limité, doivent prendre toutes les dispositions pour s'assurer avant tout de la qualité d'insonorisation de leur future unité car, une fois qu'ils auront emménagé dans les lieux, il sera trop tard. Soit dit en passant, les coûts de correction d'une insonorisation déficiente s'élèvent à plusieurs milliers de dollars.

Il n'y a pas de normes

Il n'existe pas de normes minimales d'insonorisation spécifiques aux condos. Les normes indiquées dans le Code national du bâtiment (établies en termes de STC ou *sound transmission class*) ont été conçues, il y a plusieurs années, en fonction des immeubles à logements multiples occupés par des locataires et non par des propriétaires. Ces derniers exigent, avec raison, des normes plus élevées quant au degré d'intimité que leur procure leur unité.

Ce n'est donc pas parce que le Code spécifie un niveau d'insonorisation minimale de 55 STC que tous les immeubles le respectant offrent le confort et l'intimité voulus. Dans les faits, un immeuble en condos dont le seuil d'insonorisation moyen n'est que de 55 STC ne satisfait pas les occupants puisqu'ils entendent à la fois les bruits d'impact et les bruits de transmission émanant de l'appartement voisin.

La publicité imprécise

L'expression «insonorisation supérieure» ne signifie rien dans les faits. Compte tenu que les seules normes qui existent sont minimales, le fait de livrer un condo avec une résistance sonore légèrement supérieure à 55 STC ne vous assure pas de pouvoir jouir de la pleine quiétude des lieux.

Le promoteur qui ne livre pas une unité ayant une insonorisation vraiment supérieure ne court pas non plus de grands risques, puisqu'il serait difficile de le condamner pour autre chose que publicité trompeuse. À moins, bien sûr, qu'un certain nombre de clients n'aient été lésés et n'entament des poursuites pour vices de construction. Dans ce cas, ils tenteront d'obtenir devant la cour une réduction du prix de vente de leur condo.

La situation est quelque peu différente lorsque les acheteurs magasinent un condo déjà occupé, puisqu'il est plus facile de vérifier la qualité de l'insonorisation en parlant aux voisins ou même en faisant faire une expertise par un laboratoire spécialisé. L'offre d'achat serait alors conditionnelle aux résultats satisfaisants des tests effectués.

Dans le cas d'un immeuble déjà occupé, je conseille à l'éventuel acheteur de le visiter le soir alors que tous les occupants sont revenus du travail plutôt que d'y aller l'après-midi, où l'immeuble est plus tranquille ou presque vide. Un immeuble vide donne évidemment l'impression d'être plus tranquille, donc mieux insonorisé, que lorsque tous les copropriétaires sont présents.

Les dix questions essentielles sur les maisons usinées

1 **Est-ce que toutes les maisons usinées sont assemblées de la même façon?**

En fait, il existe trois types de maisons usinées : les maisons pièce sur pièce, les maisons en panneaux et les maisons assemblées par modules, ces dernières occupant la plus grande part de ce marché.

2 **Quelles différences y a-t-il entre les trois?**

Les composantes des maisons pièce sur pièce sont taillées en usine et livrées en vrac sur le chantier où elles sont assemblées par le propriétaire ou l'entrepreneur.

Une autre façon de construire une maison usinée consiste à assembler à l'intérieur les panneaux des murs, des planchers et de la toiture qui seront ensuite transportés sur le chantier pour y être assemblés par l'entrepreneur.

La maison modulaire, quant à elle, est presque entièrement assemblée en usine, ce qui limite les tâches d'assemblage sur le chantier. Si la maison en panneaux domine aux États-Unis et en Suède, c'est la maison modulaire qui occupe la plus grande part du marché de la maison usinée au Québec.

3 **Combien de modules compte une maison?**

La maison de type bungalow compte normalement deux modules, alors qu'un cottage en compte quatre. Certains modèles, beaucoup plus volumineux, exigent la construction de huit modules.

4 À quoi ressemble une usine où l'on fabrique des maisons?

Une usine de maisons modulaires fonctionne selon le principe de la chaîne de montage si chère aux fabricants d'automobiles. Les ouvriers commencent tout d'abord par assembler le plancher du module. Ils montent ensuite les murs, puis l'ensemble est glissé le long de rails à d'autres équipes de travailleurs qui voient à la pose de l'isolant, du placoplâtre et du système électrique. Le module poursuit encore son chemin le long des rails où on installera sa toiture et où une autre équipe s'affairera à terminer la finition intérieure.

5 Comment fait-on pour acheminer les modules sur le terrain du propriétaire?

Lorsque le module est terminé, il est remisé à l'extérieur en attendant le jour de livraison. Un fardier spécial le transportera sur les fondations où il sera boulonné à un ou à plusieurs autres modules.

6 Quels sont les avantages de la maison usinée?

Les matériaux sont à l'abri des intempéries, de la détérioration et du vandalisme. Tout le bois utilisé a été séché au four et les délais de livraison ne sont pas affectés par le climat.

7 Peut-on construire de telles maisons partout?

Contrairement à il y a vingt-cinq ans, la plupart des municipalités acceptent aujourd'hui la mise en place de ces maisons.

8 Les maisons usinées sont-elles construites selon les mêmes normes que les maisons conventionnelles assemblées sur le chantier?

Oui. Même que les techniques et les matériaux utilisés excèdent souvent les normes demandées.

9 **Qu'en est-il du financement?**

Ces maisons sont financées de la même façon que les maisons conventionnelles.

10 **Est-ce que le transport des modules sur le chantier ne risque pas d'endommager les matériaux?**

Il n'y a aucun risque, compte tenu des précautions prises lors de la construction en usine. Tous les coins de la maison voient notamment leur résistance accrue par la fixation de contreventements de contreplaqué, ce qui n'est pas le cas pour une maison de chantier.

Le divorce: qu'est-ce qu'on rachète?

Un divorce s'avère suffisamment traumatisant et dérangeant en soi; il ne faut donc pas faire de gaffe au moment du choix de sa nouvelle résidence. D'ailleurs, il y a autant de cas particuliers qu'il y a de divorces; impossible donc de proposer un modèle qui s'applique à tous. Allons-y quand même avec les considérations les plus importantes.

Le manque de capital

Au moment de la rupture, bien des couples décident que la maison ne sera pas vendue mais continuera d'être occupée par l'un des ex-conjoints. Bien souvent, le conjoint qui part ne réclame pas sa juste part de la valeur de la propriété. Il sacrifie donc le capital accumulé sous forme de valeur nette. Dans bien des cas, ce sacrifice est consenti pour maintenir un semblant de stabilité pour les enfants qui n'ont pas à vivre deux déménagements, celui de maman et celui de papa.

Quitter la maison sans réclamer son dû peut aussi être justifié lorsque le conjoint qui demeure sur place n'a pas les mêmes revenus que celui qui part. Ce dernier doit donc trouver ailleurs le capital nécessaire à l'achat d'une nouvelle propriété. Cela n'est pas forcément une mauvaise chose, puisque les circonstances imposent alors un délai qui peut s'avérer bénéfique.

En effet, lorsque le divorce se produit, il bouleverse tout, tant la vie familiale que la vie sociale et professionnelle. Les conjoints sont submergés par de nombreuses préoccupations. Selon le tempérament de chacun, ce n'est pas la période idéale pour réfléchir à tête reposée au type de résidence qui convient. En attendant, il est toujours possible de louer un logement ou une maison pendant un an ou deux afin de stabiliser la situation, de corriger le dossier de crédit et de mettre de l'argent de côté. Quoi de plus bête que de quitter la résidence familiale pour acheter une maison trop petite ou trop grande dans un quartier qui convient ni à vous ni à vos enfants dont vous avez maintenant la garde partagée!

Malgré tout, la vente

Vous êtes peut-être de ceux pour qui la vente de la propriété s'impose. Le gain réalisé à la revente est alors partagé à parts égales et permet à chacun de disposer d'une somme en capital pouvant être appliquée à l'achat d'une nouvelle maison.

Si vous êtes comme la majorité des gens, la propriété constitue l'élément principal de votre patrimoine. Ce n'est donc pas le temps de négliger les détails de la transaction sous prétexte que vous avez la tête ailleurs.

En d'autres mots, le divorce ne doit pas être l'occasion de procéder à une vente de feu en acceptant un prix nettement sous la valeur du marché, uniquement dans le but de régler le tout au plus vite afin de passer à autre chose. Est-ce qu'une mésentente entre les conjoints et une frustration émotive justifient le fait de se débarrasser à rabais d'une propriété en encaissant un manque à gagner de dizaines de milliers de dollars?

Une question d'espace

La vie n'est pas un film américain. Les gens qui divorcent n'ont donc pas toujours un nouvel amour chez qui ils pourront habiter au lendemain de la rupture. Bref, le conjoint qui quitte la maison familiale ou les deux conjoints qui décident de vendre la maison n'ont pas forcément les mêmes besoins qu'auparavant.

Ironiquement, le divorce présente une belle occasion de réviser vos besoins et de corriger ce qui vous dérangeait tant dans l'ancienne maison. À titre d'exemple, imaginons un couple ayant deux enfants se partageant un cottage de 1400 pieds carrés. En supposant une garde partagée, chacun des nouveaux ménages avec deux enfants équivaut à un adulte vivant avec un enfant à temps plein. Cela veut dire que les 1400 pieds carrés ne sont peut-être pas aussi indispensables qu'auparavant. Chose certaine, plus il y a d'espace, plus ça coûte cher non seulement à l'achat, mais aussi pour l'entretien.

Les personnes qui, malgré le divorce, demeurent d'infatigables romantiques opteront peut-être pour une maison aussi, sinon encore plus grande que la précédente afin de faire de la place au futur partenaire et à ses enfants s'il y a lieu. Une belle manifestation d'optimisme qui risque de coûter cher si cela ne se matérialise pas. Il vaut mieux acheter en fonction des besoins présents et futurs de la famille sans tenir compte des besoins de gens qui ne sont pas encore apparus. Une maison, ça se revend!

Ah oui, les enfants!

Les parents qui veulent limiter le traumatisme causé aux enfants par le divorce font souvent preuve de la plus grande attention et de beaucoup d'imagination. On a vu de tout. Les ex-conjoints qui vendent la maison unifamiliale pour acheter un duplex qu'ils partageront; l'achat d'une maison par l'un des conjoints dans le même quartier ou dans la même rue; le couple qui décide que les enfants continueront à habiter la même maison pendant que les ex-conjoints échangeront de lieu de résidence selon leur semaine respective de garde.

Est-ce que ce sont toutes des solutions viables à long terme? Vous savez évidemment que cela dépend des cas, des personnalités et des humeurs de chacune des personnes impliquées. Vivre dans la même rue, à quelques portes l'un de l'autre, peut sembler bien à première vue. Dans les faits, les questions d'intimité surviendront inévitablement avec l'ex-conjoint qui vient cogner sans avertir ou les voisins immédiats qui «fouinent» et examinent de la tête aux pieds tout nouveau visiteur chez vous. Dans le cas de la vie en duplex pour les deux ex-conjoints, les questions d'intimité sont encore plus chatouilleuses.

Un déménagement dans une autre maison (ou condo) peut par contre corriger certaines lacunes. Ainsi, si les enfants sont plus vieux, ils ne ressentent peut-être pas le besoin de vivre à proximité de leurs amis d'enfance, mais ils préfèrent se rapprocher de la ville, du cégep ou de l'université.

Par contre, s'ils ont toujours l'âge de jouer dans la rue, il faudra apporter une attention particulière à l'examen du quartier qui vous intéresse. Dans le cas d'une maison neuve, la qualité et les caractéristiques du quartier restent à définir. Dans le cas de quartiers établis, il est plus facile de connaître l'âge des enfants de la rue et le profil de vos proches voisins. Acheter une maison dans un secteur où la plupart des propriétaires sont à la retraite ne plaira sans doute pas à vos jeunes enfants.

LES RÉNOVATIONS

Les travaux majeurs : ne rénovez pas n'importe quoi !

De plus en plus de propriétaires fondent leurs décisions d'achat et de rénovations pour accroître leur confort, sans égard à l'éventuelle rentabilité des travaux. Dans leur for intérieur, ils espèrent sans doute récupérer un jour une partie de l'argent investi. Il ne faut donc jamais perdre de vue que votre maison sera un jour à vendre !

Ménagez vos ardeurs

Le coût des rénovations ou des améliorations ne doit pas trop élever la valeur de la maison par rapport au prix des maisons voisines. Idéalement, la maison, une fois rénovée, ne doit pas dépasser de 20 % la valeur moyenne des propriétés du quartier. Aussi, pensez-y deux fois avant de rénover si la maison voisine vient d'être transformée en piquerie ou en bunker avec des grosses motos à la porte.

Mieux vaut être petit et propre

La salle de bains et la cuisine sont les deux pièces qui profitent le plus de rénovations importantes. Que vous décidiez d'y consacrer 1000 $ ou 5000 $, la salle de bains doit avant tout être propre et fonctionnelle. Bien souvent, une nouvelle couche de peinture, le renouvellement des accessoires et la pose d'une tuile neuve suffisent à redonner une allure attirante à la pièce. Par contre, d'autres salles de bains justifient une intervention radicale ou une subvention du ministère de l'Environnement !

Vous récupérerez facilement le coût d'aménagement d'une deuxième salle de bains si la maison n'en compte qu'une seule. Encore là, nul besoin d'exagérer si vous n'en avez pas les moyens.

Toujours plus grand

Le nombre croissant de gens travaillant à la maison, conjugué au besoin de plus en plus grand d'une pièce de loisirs pour chacun des conjoints, rend très attrayantes les maisons ayant des pièces additionnelles. Il n'est pas toujours nécessaire de construire une pièce luxueuse. Il suffit parfois d'aménager un espace de 10 pieds sur 10 pieds dans lequel peut être installé une chambre d'enfant, un bureau, une salle de couture ou de lecture.

Tout le monde en bas !

La popularité des sous-sols finis a connu un regain au cours des dernières années. Fini le temps des murs en bardeaux de cèdre, les bars en «simili cuir véritable», les plafonds en stuc avec brisures de miroir incrustées.

Les sous-sols sont maintenant utilisés comme deuxième salon : murs lisses, couleurs claires et meubles modernes. Les acheteurs hésitent malgré tout à payer le gros prix pour les travaux réalisés au sous-sol. Alors, ne dépensez pas une fortune pour la finition. Contentez-vous d'y poser des murs de placoplâtre recouverts de peinture et non de papier peint.

Va jouer dehors !

Ce qui est bon pour l'intérieur l'est aussi pour l'extérieur. Une nouvelle couche de peinture sur la façade et le ménage du terrain suscitent toujours davantage d'intérêt de la part des acheteurs.

Ce n'est toutefois pas une raison pour faire un aménagement paysager digne du Jardin botanique. Les acheteurs préfèrent de loin les propriétés qui limitent au minimum les travaux d'entretien.

En ce sens, un revêtement extérieur en brique, en aluminium ou en vinyle est souvent plus recherché qu'un revêtement en bois qui doit être rajeuni tous les deux ans.

Un peu d'intimité, s.v.p.

Les gens recherchent beaucoup les propriétés qui assurent l'intimité des occupants. Pour cette raison, tout aménagement extérieur qui accroît le degré d'intimité constitue un atout. Vous remarquerez d'ailleurs qu'une maison construite sur un coin de rue et n'ayant pas de clôture demeure toujours plus longtemps sur le marché.

Les gadgets

Qui n'apprécie pas les avantages d'une baignoire à remous, d'un sauna, d'un broyeur à déchets, d'un aspirateur central, d'une cave à vin, d'un solarium ou d'un accélérateur de particules?

Ces éléments, agréables en soi, ne trouvent pas toujours un acheteur disposé à en payer le prix. Vos chances de récupérer votre investissement sont meilleures uniquement lorsque la plupart des maisons du quartier sont elles aussi munies des mêmes équipements.

Les travaux de rénovation		
Type	Coût	Récupération approximative à la revente
Grand ménage	2 000 $	100 %
Salle de bains	1 000 $–10 000 $	100 %
Cuisine	5 000 $–20 000 $	50 %–100 %
Pièce additionnelle	5 000 $–20 000 $	70 %
Sous-sol	4 000 $–10 000 $	50 %
Poêle ou foyer	1 000 $– 8 000 $	50 %–150 %
Isolation	1 500 $– 5 000 $	50 %–100 %
Aménagement paysager	5 000 $–20 000 $	50 %
Piscine	3 000 $–15 000 $	0 %–50 %
Gadgets de luxe	400 $–20 000 $	Variable

Les fenêtres : les réparer ou les remplacer ?

Pour une raison qui m'échappe, bon nombre de propriétaires traitent les fenêtres comme s'il s'agissait d'un produit de consommation (un vieux grille-pain ou un fer à repasser défectueux) que l'on remplace dès l'apparition de la moindre imperfection. Soit parce qu'elles laissent passer trop d'air, présentent de la condensation, ont un cadre défraîchi ou offrent trop peu de résistance thermique. Mais voilà, une fenêtre coûte beaucoup plus cher qu'un petit appareil ménager. À cela s'ajoute le coût de son installation qui peut s'élever à une somme équivalente à son prix d'achat.

Avant toute chose, il vaut mieux passer en revue leurs faiblesses et les moyens d'y remédier.

Vive le vent! Vive le vent!

Une fenêtre offre une résistance thermique de trois à quatre fois moins élevée que celle d'un mur. C'est normal puisqu'il s'agit là d'une surface vitrée et non d'une cavité de quelques centimètres bourrée de laine isolante. Voilà pourquoi vous ressentez plus de froid près des fenêtres qu'au centre de la pièce.

Cela dit, plusieurs propriétaires se plaignent que leur vieilles fenêtres laissent passer l'air. Sachez qu'il ne passe pas au travers la vitre, mais s'infiltre plutôt entre le cadre de la fenêtre et la charpente du mur. Avant de remplacer la fenêtre, il faut donc examiner le pourtour en retirant les moulures. Ne vous contentez pas de vérifier la présence et l'état de l'isolant. Celui-ci doit être non seulement sec, mais bien remplir la cavité. Rappelez-vous que l'isolant n'a pas comme fonction d'empêcher les infiltrations d'air mais bien les infiltrations de froid. Pour bloquer les infiltrations d'air, il faut plutôt assurer la présence d'un pare-air disposé entre le revêtement extérieur de la maison et sa charpente. À cela s'ajoute idéalement la mise en place d'un calfeutrant qui remplit tous les interstices du pourtour. Détail important, en retirant les moulures, vérifiez que toute la cavité ceinturant la fenêtre est recouverte d'un coupe-vapeur qui a été mis en place au moment de la construction de la maison. Le coupe-vapeur est fixé à la grandeur des murs et des plafonds avant d'y visser les panneaux de placoplâtre.

Les étapes de la correction sont alors fort simples:

- retirer les moulures;
- noter la présence ou l'absence d'un coupe-vapeur;
- vérifier l'état de l'isolant qui doit être très sec;
- s'assurer de la présence d'un pare-air. S'il est absent, en installer un et colmater le pourtour avec un calfeutrant giclé;
- replacer l'isolant et recouvrir le tout d'un coupe-vapeur s'il n'y en avait pas.

Coût approximatif: 15 $ par fenêtre!

La pourriture

Les fenêtres de bois nécessitent habituellement plus d'entretien que les fenêtres aux cadres faits d'aluminium ou de PVC. Et plus particulièrement les fenêtres aux cadres faits de pin, qui sont moins résistants que les cadres faits de cèdre. L'entretien est d'autant plus exigeant lorsque la fenêtre est exposée côté sud, sous le coup direct des rayons de soleil. Bref, les rayons UV peuvent endommager la peinture ou la teinture des cadres. S'ils sont non protégés, les cadres se fissurent et laissent s'infiltrer l'eau de pluie. Inévitablement, la pourriture s'installe. Est-ce une raison de remplacer toutes vos fenêtres de bois ? Pas sans avoir fait l'effort de les réparer en y investissant moins de 50 $ de matériaux. Il faut dans de tels cas :

- poncer légèrement les surfaces endommagées ;
- gratter pour éliminer la pourriture ;
- colmater les parties endommagées avec un produit de bois en pâte ;
- pour les plus grandes parties endommagées, les remplacer par une pièce de bois taillée sur mesure ;
- appliquer un scellant, une teinture ou une peinture.

Coût approximatif : 5 $ du pied linéaire.

Je condense, tu condenses, elles condensent

Ne sortez pas votre carte de crédit uniquement parce que vous notez de la condensation à la surface de vos fenêtres ou entre les parois vitrées. Dans le premier cas, ce ne sont probablement pas vos fenêtres qui sont en cause si elles sont de type double vitrage thermos. Il s'agit plutôt d'un problème causé par une humidité excessive dans la maison. Vous risquez d'être frustré de faire installer des fenêtres neuves pour réaliser l'hiver prochain que le problème persiste. Il vaut mieux regarder du côté des causes de cette humidité excessive : nombre accru de plantes, davantage de gens dans la maison, manque de ventilation, isolation accrue, changement des habitudes de la famille.

La condensation peut aussi apparaître parce que l'air de votre système de chauffage ne réussit pas à réchauffer les surfaces vitrées camouflées par des stores fermés ou des tentures trop lourdes.

Il arrive également que la condensation apparaisse non pas en surface, mais à l'intérieur même des parois vitrées. Dans ce cas, c'est le joint d'étanchéité reliant les deux parois qui s'est brisé. L'air s'infiltre et apparaît sous forme de condensation lorsqu'il fait le moindrement froid.

Il n'est pas nécessaire de remplacer toutes vos fenêtres pour autant. Il suffit de détacher la fenêtre de son cadre pour l'apporter chez un vitrier qui remplacera le panneau endommagé. Le tout peut se faire en moins d'une journée lorsque vous vous êtes assuré de la disponibilité du panneau aux dimensions souhaitées.

Le cas est tout autre lorsqu'il est question de vieilles fenêtres coulissantes à double vitrage non thermos. Ces fenêtres au cadre d'aluminium ou de PVC sont habituellement placées au sous-sol, parfois dans le salon des maisons construites dans les années 1950 et 1960 dans le cas des fenêtres d'aluminium. Celles-ci résistent très mal aux infiltrations, offrent un minimum de résistance thermique et sont facilement sujettes aux manifestations de condensation. Vous ne faites pas d'erreur, dans ce cas-ci, à vous en débarrasser au plus vite.

J'en veux des neuves quand même, bon !

Le bricolage et les réparations ne vous disent rien ? Vous préférez dire à tout le monde que vous avez des fenêtres neuves plutôt que des fenêtres rafistolées ? Libre à vous ! Il existe en effet des situations où le remplacement de toutes vos fenêtres est justifié :

- rénovations majeures sur la façade ;
- financement facile par le biais d'un renouvellement hypo- thécaire ;
- modification de l'apparence de la maison ;
- préférence pour un style différent de fenêtres.

Les cinq règles d'or des fenêtres neuves

Afin de maximiser l'achat de nouvelles fenêtres, vous devez d'abord prendre conscience de certains problèmes et s'ils peuvent ou non être réglés.

1 Nouveauté n'est pas synonyme de solution

Ce n'est pas parce que les anciennes fenêtres montrent des signes de vieillissement que l'on doit pour autant toutes les remplacer.

La tentation est forte pour le propriétaire qui souhaite redonner fière allure à sa maison de changer ses vieilles fenêtres de bois à guillotine par de nouvelles à double paroi scellée fonctionnant à manivelle.

Parce qu'il y a des infiltrations d'air et la présence de pourriture sur certaines pièces du bâti des fenêtres, le propriétaire croit que la seule solution consiste à en installer des neuves. Il faut savoir que les infiltrations peuvent facilement être éliminées, soit en appliquant un nouveau calfeutrant au joint formé par la vitre et le cadre, soit en retirant les moulures ceinturant la fenêtre pour remplir d'isolant la cavité entre le cadre de la fenêtre et les montants de la charpente.

2 Les modes coûtent cher

J'ai souvent entendu d'éventuels acheteurs de maisons manifester une nette préférence pour des fenêtres tout en PVC relé-
guant au deuxième et au troisième rang tous les produits de bois
et d'aluminium, sans pour autant avoir magasiné le produit ou
sans détenir des connaisances spécifiques en construction ou
en économie d'énergie.

Ce n'est pas la seule nature du matériau qui détermine la
qualité et l'efficacité d'une bonne fenêtre. Ainsi, certaines fenêtres en bois haut de gamme sont nettement préférables à des
produits bas de gamme faits entièrement de PVC.

3 Une fenêtre demeure... une fenêtre

Malgré l'avènement des nouveaux vitrages énergétiques qui permettent d'accroître la résistance thermique des fenêtres, les meilleures d'entre elles sont loin d'offir autant de résistance qu'un
mur plein, rempli d'isolant. Il ne faut donc pas espérer, malgré les
milliers de dollars investis, des performances qui demeurent,
pour le moment, irréalisables. Ce que vous devez rechercher,
c'est avant tout une fenêtre durable, facile d'entretien, dont la
manipulation est aisée, qui dispose d'une quincaillerie solide et
d'un coupe-froid efficace et remplaçable.

4 Le triple vitrage n'est pas rentable

Les fenêtres à triple vitrage scellé coûtent beaucoup plus cher
que les modèles à double vitrage qui sont maintenant devenus
la norme. Et avec raison, puisqu'il est possible d'obtenir à moindre
coût une fenêtre performante en optant pour un modèle à double
paroi muni d'un vitrage énergétique avec enduit à faible émis-
sivité ou pellicule réfléchissante.

5 Où sont les guillotines?

À en juger par les fenêtres choisies par les acheteurs, on peut
conclure que les seules disponibles sont les modèles à battants avec manivelle. La fenêtre à battants présente pourtant

quelques désavantages, notamment en ce qui a trait à la ventilation. Étant plus haute que large, celle-ci, même lorsqu'elle est légèrement entrouverte, laisse pénétrer plus d'air que la fenêtre à guillotine, par exemple, dont la partie ouvrante est plus restreinte. Il devient donc plus difficile d'assurer une bonne ventilation avec la fenêtre à battants qu'avec un modèle à guillotine.

Qu'est-ce qui explique les écarts de prix pour les cuisines?

Muni d'un plan sommaire, vous entreprenez vos démarches afin de dénicher l'entrepreneur idéal. Vous constatez alors que toutes les soumissions ne proposent pas le même prix. Il est donc très utile de connaître les raisons possibles des écarts afin de mieux négocier.

1 Les caissons

L'épaisseur standard des caissons de mélamine est de 5/8 de pouce et leur mode d'assemblage n'affecte pas le coût total. C'est plutôt l'utilisation et l'épaisseur des autres matériaux qui font varier la facture: aggloméré, contreplaqué, chêne, merisier et mélamine de plus grande qualité.

2 Sésame...

Ce sont plutôt les portes et non les caissons qui expliquent d'importants écarts de prix. Ce qui est normal, compte tenu que l'allure des portes définit le style de la cuisine. Chose certaine, la mélamine standard est ce qu'il y a de moins cher. Viennent ensuite les portes de stratifié, plus résistantes et aux finis plus variés que la mélamine.

Il y a aussi la porte thermoplastique qui est devenue très populaire depuis la dernière décennie. Son attrait principal tient avant tout à ses formes.

La porte de bois conserve tout de même une bonne cote de popularité, le bois plein coûtant évidemment plus cher que le bois de placage sur une base de MDF.

3 La quincaillerie

Les éléments de quincaillerie – charnières, poignées et boutons – peuvent ajouter plus de 1000 $ à la facture si vous optez pour des éléments d'importation européenne. Les composantes américaines et asiatiques coûtent beaucoup moins cher.

4 Les surfaces

Des comptoirs de mélamine, ça n'existe pas ! Il s'agit plutôt de surfaces de stratifié beaucoup plus résistantes et offrant une très grande variété de couleurs et de finis. Les personnes qui ont peu de contraintes préfèrent, pour leur part, les surfaces de céramique, d'inox, de Corian, etc. Dans ces cas-ci, les coûts excèdent souvent plus de 100 $ le pied carré.

5 Les gadgets

Qu'importe son esthétique, la cuisine se doit d'être avant tout fonctionnelle. À ce sujet, les gadgets sont innombrables et souvent fort coûteux : éclairage, cantonnières, tablettes glissantes, diviseurs à ustensiles, garde-manger volumineux, etc.

6 La qualité d'installation

L'aménagement d'une nouvelle cuisine exige la réalisation soignée de multiples détails. Votre entrepreneur sera-t-il à la hauteur ? La seule façon de le découvrir est de consulter ses anciens clients. Informez-vous surtout de la qualité du service après-vente.

Des comptoirs de cuisine esthétiques ou résistants?

Les comptoirs constituent le deuxième élément esthétique d'importance dans votre cuisine après les armoires. Opter pour un matériau mal adapté ou pour une teinte et une texture dépareillées par rapport à vos armoires peut gâcher l'effet souhaité au départ. Heureusement, le choix de comptoirs n'a jamais été aussi grand; toutefois, le défi consiste à choisir le comptoir dont le coût et la qualité seront du même calibre que ceux de vos armoires. Pas question d'installer des comptoirs haut de gamme si les armoires sont en mélamine blanche.

À quoi sert votre cuisine?

La cuisine ne revêt pas la même importance pour tous. À vous de définir d'abord si vous privilégiez son aspect esthétique ou son aspect fonctionnel. Ne riez pas. Vous seriez étonné de voir le nombre de cuisines haut de gamme qui ne servent pas à autre chose que de déballer les repas du traiteur ou les boîtes de pizza de livraison.

Il faut aussi tenir compte de votre façon de travailler dans la pièce. Êtes-vous du type obsessif-compulsif où tout doit être en ordre, les oignons classés par taille et les tomates par densité de couleur? Ou préférez-vous cuisiner de façon plus anarchique avec tous les instruments et les aliments étalés sur les comptoirs en même temps? Les différentes approches exercent une influence sur le type de comptoir que vous installerez. Une personne qui prépare trois repas par jour a besoin d'une surface qui se nettoie bien et rapidement. S'il vous arrive d'oublier souvent la planche à couper, vous trouverez peut-être plus pratique un comptoir dont le matériau résiste bien aux lames de couteaux et aux chaudrons chauds.

De tout pour tous

1. Les comptoirs moulés de stratifié accaparent encore la plus grande part du marché, puisqu'ils demeurent les moins coûteux. Toutefois, ils offrent une très grande variété de couleurs et de textures. Au moment du magasinage, n'oubliez pas que votre fournisseur, faute de place, ne peut avoir en inventaire la totalité des produits et des grandeurs disponibles. Reportez-vous alors aux catalogues. Les comptoirs de longueurs normalisées (6, 8 ou 10 pieds) peuvent être livrés en moins d'une semaine, alors que les délais s'avèrent évidemment un peu plus longs dans le cas de commandes spéciales.

   Ce type de comptoir répond aux besoins de la majorité des propriétaires, mais il présente quelques désavantages. Des plats chauds et des coups de couteau peuvent en effet endommager sa surface, tout comme le fait d'y déplacer brusquement des chaudrons de fonte émaillée.

   En contrepartie, ces comptoirs résistent bien à la graisse et aux taches, et peuvent facilement être nettoyés avec un simple chiffon ou tout produit non abrasif.

   Le coût de ces comptoirs est d'un minimum de 15 $ le pied linéaire. Vous limiterez évidemment les frais si vous êtes en mesure d'effectuer vous-même l'installation. Vous pouvez même faire pratiquer l'ouverture pour l'évier par votre fournisseur. Il ne suffit alors que de retirer l'ancien comptoir et de mettre en place le nouveau avec la quincaillerie fournie par le fabricant. Ce travail s'effectue en moins de deux heures.

2. Les surfaces solides telles que le Corian et le Silestone s'imposent de plus en plus comme les produits haut de gamme les plus répandus. Encore faut-il être disposé à payer un minimum de 40 $ le pied linéaire, sans compter les frais

d'installation. Seul un expert peut installer ce type de comptoir, vu sa rigidité et son poids.

Le Corian et le Silestone présentent l'apparence d'une pierre dense et lisse. Le choix des couleurs, des patrons et des textures est plus limité que pour les comptoirs de stratifié, mais ses angles peuvent être d'une plus grande variété de formes.

Ces produits sont non toxiques, donc sécuritaires pour les aliments. Ils se nettoient facilement, mais ils supportent mal les plats chauds qu'on y dépose. La surface est plus dure que celle des comptoirs stratifiés, mais elle ne résiste pas aux couteaux les plus tranchants. Heureusement, les petites égratignures ne sont pas toujours apparentes, néanmoins il faut éviter de se servir de ces comptoirs comme planche à couper.

3. La céramique est de plus en plus populaire auprès des propriétaires qui souhaitent une cuisine de style champêtre. Les comptoirs faits de carreaux de céramique ne sont pas vendus assemblés. Il faut plutôt les fabriquer sur place soit en utilisant la surface du comptoir déjà en place, soit en construisant une nouvelle surface sur laquelle vous déposerez la céramique.

L'avantage principal d'un comptoir fait de céramique tient à son esthétique. Cette surface présente aussi l'attrait de bien résister à la chaleur et aux taches. Le coulis des joints peut cependant accumuler les bactéries s'ils ne sont pas scellés. Autrement, il faudra assurer un nettoyage régulier des joints avec un puissant produit nettoyant.

La céramique, par définition, est un matériau qui résiste mal aux coups. Échapper un plat ou un chaudron peut donc facilement endommager une tuile ou deux. Heureusement, vous aurez pris la précaution de conserver des tuiles neuves en prévision d'un tel incident. Il est en effet relativement facile de remplacer un carreau de céramique sans défaire toute la surface du comptoir.

Le coût d'un comptoir de céramique dépend non seulement des frais d'installation, mais aussi de la sélection des carreaux. En règle générale, des carreaux unis coûtent moins cher que des carreaux à motifs. La provenance des carreaux, leur style et leur originalité peuvent influencer leur prix.

4. L'inox est à la mode et pas seulement dans les cuisines. Dans cette ère où l'on valorise la haute technologie, les consommateurs se ruent sur tout ce qui s'apparente aux produits au fini argenté ou inox : autos, ordinateurs, électroménagers, grille-pain, téléviseurs, chaînes audio, etc.

Dans une cuisine, l'inox inspire aussi pour plusieurs l'apparence de propreté, de pureté et d'efficacité. Le prix des comptoirs d'inox varie selon l'épaisseur du matériau et la composition de sa base. Il est donc difficile de fixer un prix précis. Par contre, on peut dire qu'il coûte au moins deux fois plus cher que le comptoir de stratifié et deux fois moins cher que certains comptoirs de Corian ou de Silestone.

Les comptoirs en inox sont chose courante dans les cuisines de restaurants. L'eau s'y écoule aisément et la surface s'entretient plus facilement. La cuisine de restaurant est rarement fréquentée par les clients. Son apparence esthétique est donc d'une importance secondaire. Ce qui n'est pas le cas à la maison. Vous voulez en effet que la cuisine soit attirante non seulement pour vous, mais aussi pour vos invités. En ce sens, rappelez-vous que les comptoirs en inox, même s'ils résistent bien aux taches et à la chaleur, sont particulièrement vulnérables aux coups et aux égratignures.

De nouvelles tendances pour les cuisines

Même si les Québécois n'ont jamais si souvent mangé au restaurant, la cuisine familiale demeure toujours, et de loin, la pièce la plus importante au moment de l'achat d'une propriété. Toutefois, on constate des différences marquées entre les préférences des couples selon la catégorie d'âge à laquelle ils appartiennent.

Maison neuve, cuisine neuve

Les acheteurs d'une maison neuve n'ont pas à composer avec les erreurs ou les goûts des précédents occupants de la maison. Ils ont au contraire tout le loisir de concevoir leur cuisine de rêve, et les constructeurs donnent plus de latitude à leurs clients. Par exemple, il y a à peine dix ans, les acheteurs d'une maison neuve devaient se contenter de choisir la disposition de leur cuisine selon une ou deux propositions soumises par le constructeur. Aujourd'hui, le choix est nettement plus élargi puisque des entrepreneurs proposent jusqu'à quatorze aménagements possibles, chacun présentant la même superficie !

Luce Desjardins, vice-présidente de Construction Denis Desjardins, souligne que les acheteurs sont plus connaisseurs que par le passé et savent précisément ce qu'ils souhaitent incorporer à leur nouvelle cuisine. Au fil des ans, Mme Desjardins note un regain d'intérêt pour les armoires présentant un fini imitant le bois sur stratifié ou sur thermoplastique. Les acheteurs profitent ainsi du «look sans l'entretien du bois».

Avec le temps, un élément de la cuisine s'est imposé comme un incontournable: l'îlot de travail central. Si tous les clients souhaiteraient profiter d'un garde-manger de type *walk-in*, Mme Desjardins rappelle qu'il faut que la dimension de la maison soit à l'avenant. Ce qui est plutôt rare dans le cas de maisons coûtant moins de 250 000 $.

Pour ce qui est des planchers, la plupart des acheteurs optent encore pour le revêtement de céramique alors qu'une petite partie de la clientèle préfère le plancher de lames de bois. Dans ce dernier cas, le bois d'érable est plus populaire que le bois de chêne, plus foncé et plus nervuré.

Selon Mme Desjardins, le décloisonnement de la cuisine et son ouverture sur le reste du rez-de-chaussée se sont imposés au cours des dix dernières années. La luminosité est plus que jamais une priorité; les acheteurs privilégient une cuisine fonctionnelle et bien éclairée à une grande cuisine plus sombre cernée par quatre murs.

Combien investir pour la rénovation?

M. Alain Guy, de l'entreprise Évaluation immobilière Alain Guy inc., est d'avis que l'argent investi à la rénovation de la cuisine présente une bonne récupération de sa valeur, même sur une courte période de temps. Les quelques milliers de dollars investis peuvent aisément être récupérés après seulement six mois dans le marché actuel.

M. Guy, tout comme Mme Luce Desjardins, note que les cuisines ouvertes sont nettement plus populaires aujourd'hui que les cuisines fermées. C'est pour ainsi dire la fin des petites cuisines laboratoires.

Le propriétaire ne doit pas chercher une règle bien spécifique qui détermine la limite maximale à dépenser à l'aménagement ou à la rénovation de sa cuisine. L'important, selon l'évaluateur, est de respecter l'homogénéité du secteur et le gros bon sens. Donc, pas question de dépenser 50 000 $ pour une cuisine dans une maison de 200 000 $.

Attention, rappelle Alain Guy. Si vous rénovez la cuisine, elle risque fort de faire paraître plus vieux et plus désuet le reste de la maison. Attendez-vous donc à dépenser encore davantage pour la rénovation des autres pièces du rez-de-chaussée.

Ces observations sur les caractéristiques des cuisines s'appliquent avant tout aux maisons conventionnelles, souligne l'évaluateur agréé. Dans le cas des lofts ou des grands condos du centre-ville, les critères sont bien différents. En effet, l'acheteur d'un loft dans le Vieux-Montréal est davantage intéressé par la dimension du fenêtrage, son emplacement et ses particularités architecturales telles que la brique et la tuyauterie.

Les conseils d'un concepteur

M. Jean-François Bédard, designer de cuisines, s'adapte année après année aux changements de goûts et d'exigences de sa clientèle composée essentiellement de propriétaires de maisons d'une valeur de moins de 300 000 $. Il note, lui aussi, que les propriétaires privilégient une cuisine fonctionnelle de taille moyenne aux grandes cuisines nettement plus coûteuses et présentant souvent des pertes d'espace.

Fait étonnant, les clients demandent de plus en plus des électroménagers en double exemplaire ! C'est ainsi qu'ils achètent un réfrigérateur double largeur, un second évier ainsi qu'un second lave-vaisselle. Selon Jean-François Bédard, ce dernier élément est moins étonnant qu'il n'y paraît à première vue puisqu'un lave-vaisselle ne coûte pas beaucoup plus cher qu'un meuble comptoir d'une largeur de 24 pouces.

Profitant au maximum de l'espace disponible, 60 % de ses clients optent pour des armoires jusqu'au plafond, ce qui ajoute l'équivalent d'une tablette à l'intérieur de chacune des armoires.

Voici, selon M. Bédard, trois éléments à prendre en compte lorsque les propriétaires décident de concevoir eux-mêmes leur cuisine.

1. Les comptoirs de céramique n'ont pas leur place dans une cuisine, puisque les joints entre les carreaux accumulent les bactéries.

2. Il faut aussi se débarrasser d'un gros micro-ondes encombrant et le remplacer par un modèle plus compact, facile à incorporer aux armoires.

3. Il est déconseillé d'acheter une cuisinière et une surface à cuisson distincte. Il vaut mieux opter pour une cuisinière conventionnelle qui occupe non seulement moins d'espace, mais qui peut être aussi déménagée au moment de la revente de la propriété.

De plus, l'âge des propriétaires influence de plus en plus le style et les composantes de la cuisine. À cet égard, les jeunes qui privilégient les styles tendance, avec des comptoirs de céramique, des armoires ajourées, des électroménagers en inox et des murs aux couleurs foncées, doivent s'attendre à ce que cette mode passe très vite.

Concevoir une salle de bains en dix questions

1 Je mesure 6 pieds 2 pouces. Pourquoi les comptoirs de salles de bains sont-ils aussi bas?

La hauteur des comptoirs, des tables, des comptoirs de cuisines et de salles de bains ainsi que de la plupart des meubles de service a été déterminée au lendemain de la Deuxième Guerre mondiale. La grandeur moyenne des gens a cependant augmenté depuis le temps. Ce qui fait que les personnes de plus de 6 pieds trouvent trop bas les comptoirs standards qui ne font que 32 pouces de hauteur.

2 Y a-t-il moyen de trouver des comptoirs plus hauts que 32 pouces?

Au moment des rénovations majeures, rien ne vous empêche de modifier la hauteur du comptoir afin de l'adapter à la nouvelle réalité. Les grandes personnes trouvent nettement plus confortable un comptoir fixé à 36 pouces. Le même comptoir peut évidemment présenter deux hauteurs différentes: l'une pour les enfants avec lavabo intégré, et l'autre plus haute pour les parents.

3 Comment éviter l'engorgement à l'heure de pointe dans une petite salle de bains?

Même si la pièce est de petites dimensions, il y a moyen de prévoir une circulation fluide. Ainsi, la pose d'une seconde porte donnant sur une des chambres contiguës assure une plus grande intimité aux utilisateurs et évite les embouteillages.

4 Comment assurer un peu plus d'intimité dans une petite salle de bains?

Si l'intimité est une préoccupation importante, prévoyez isoler les toilettes du reste de la salle de bains en érigeant une partition pouvant prendre la forme d'un demi-mur de placoplâtre ou d'un mur fait de blocs de verre diffus.

5 La porte de la salle de bains donnant sur notre chambre est souvent ouverte. Comment intégrer le look de la salle de bains à l'aspect de la chambre?

Il arrive fréquemment que vous laissiez la porte de la salle de bains entrouverte, surtout lorsqu'elle est jumelée à la chambre principale. Assurez-vous, dans ce cas, que le regard dirigé vers l'intérieur donne sur un élément plus intéressant que le bidet ou la cuvette. Accordez plutôt la priorité à la disposition de la baignoire, du miroir ou du lavabo sur pied dans votre champ de vision.

6 Est-ce que la présence de jeunes enfants influence la conception de la pièce?

Évidemment! Il est notamment utile de prévoir la construction ou la disposition d'un banc à l'intérieur de la salle de bains. Vous voudrez aussi éviter l'enfer que constitue la présence d'une baignoire sur podium. Sans quoi vous aurez à nettoyer les enfants en sacrifiant vos genoux fragiles et, par la force des choses, votre dos.

7 Croyez-vous qu'il y a moyen d'aménager à la fois une douche et une baignoire dans une petite salle de bains?

Plus de 80 % des salles de bains du Québec mesurent moins de 100 pieds carrés. Heureusement, il est maintenant possible d'aménager à la fois une douche et une baignoire dans une salle de bains aux dimensions réduites. Dans la mesure, évidemment, où vous faites appel à un désigner qui connaît tous les trucs du métier.

8 Est-ce que toutes les cages de douche sont de dimensions standards?

Non! Au moment de choisir un modèle de douche, vous devez tenir compte non seulement de son esthétique et de son prix, mais aussi du dégagement permis à l'intérieur de la cage. Les grandes personnes aux membres longs se sentent pour le moins à l'étroit si les parois sont trop rapprochées.

9 Que dois-je prévoir sur le plan de la sécurité?

C'est dans la salle de bains que se produit le plus grand nombre d'accidents. L'exiguïté des lieux, la céramique dure, les coins d'armoires et la présence d'eau sur le plancher favorisent en effet les chutes et les ecchymoses. Sans compter que l'on ne sait pas toujours où l'on met les pieds à la noirceur.

Pour cette raison, l'aménagement de la salle de bains doit viser l'élimination des éléments susceptibles de provoquer des chutes. Vous éviterez donc les niveaux à l'intérieur de la pièce, à moins que les marches ou le podium de la baignoire ne soient constamment éclairés et revêtus de languettes antidérapantes. Rien ne vous empêche non plus de garnir les murs de la douche et de la baignoire de barres de soutien.

10 Qu'est-ce qui coûte le plus cher lorsqu'on rénove une salle de bains?

Les coûts sont nettement plus élevés si vous décidez de déplacer les sorties d'eau de la baignoire et du lavabo.

Pour un plancher de sous-sol confortable

Si toutes les maisons disposent d'un sous-sol aménageable, force est de constater que tous ne sont pas pour autant confortables ni invitants. Pourtant, c'est pendant l'hiver qu'il est agréable de s'asseoir face à un foyer ou autour de la table de billard au sous-sol.

Un plaisir caché

Bien des gens n'admettent pas en public le plaisir qu'ils ont à passer leur temps au sous-sol. Craignant se faire taxer de quétaines ou de dépassés, ils se gardent bien de révéler les sommes investies à l'aménagement de cette pièce. Pourtant, ils n'ont pas à avoir honte car le jeu en vaut la chandelle.

Si le coût de construction est d'environ 150 $ le pied carré au rez-de-chaussée et à l'étage, le sous-sol, une fois aménagé, coûte moins de 75 $ le pied carré.

Deux inconvénients apparents

Étant ceinturé de fondations tout en béton, le sous-sol demeure habituellement un endroit fort humide. De plus, parce qu'il est situé sous le niveau du sol, la quantité d'éclairage naturel y est, la plupart du temps, déficiente.

Ces deux inconvénients bien réels peuvent heureusement être surmontés en recourant à la pose de matériaux appropriés lors de l'aménagement.

Le sous-sol neuf

Évidemment, il est plus facile et plus agréable de travailler dans un sous-sol neuf que de refaire complètement le sous-sol d'une maison aménagé il y a plusieurs années. Pourquoi? Parce que les murs sont dénudés et qu'il n'y a encore rien au sol ni au plafond. Le propriétaire effectue donc un seul travail, soit celui de l'aménagement, sans avoir à consacrer des heures à défaire les éléments déjà en place.

La plupart des entrepreneurs livrent leurs maisons avec le sous-sol en partie fini. Les murs sont alors recouverts d'un mince isolant rigide blanc, recouvert à son tour de feuilles de placoplâtre jusqu'à 2 pieds du sol.

D'autres entrepreneurs proposent de finir le sous-sol en entier avec isolation complète, faux-plancher en bois et cloisons déjà érigées. En règle générale, il vaut mieux patienter un an après la fin de la construction avant de compléter le sous-sol pour laisser le temps aux quantités impressionnantes d'eau contenues dans le béton de s'évaporer. À défaut de quoi les murs pourraient suer à l'arrière des matériaux de recouvrement.

Le vieux sous-sol

Fait étonnant, vous éviterez temps et argent si vous défaites entièrement le vieux sous-sol plutôt que de tenter un travail de récupération. La raison en est fort simple : en laissant en place les vieux matériaux, vous ne connaîtrez pas forcément l'état ni l'efficacité des autres composantes qu'ils camouflent. Comment savoir si l'isolant qui recouvre les murs est efficace ou endommagé sans retirer le revêtement en place ? Le drain de plancher est-il obstrué ? Le coin du mur cache-t-il une infiltration sournoise ? Comment le savoir autrement qu'en vous débarassant des vieux matériaux ?

Vous n'y perdez rien d'autant plus que la plupart des matériaux et des composantes utilisés il y a vingt ou vingt-cinq ans sont largement démodés : stuc, préfini de bas de gamme, tapis à poils longs, etc. L'idéal est donc de recommencer à neuf en ne conservant que la charpente des cloisons existantes.

Une pièce vide

L'aménagement du sous-sol débute par la finition du plancher. Le type de revêtement est choisi en fonction de l'usage qu'on fera de la pièce et du degré de dénivellement.

Les planchers de sous-sol sont rarement parfaitement de niveau. En optant pour un linoléum étendu à même la dalle de béton, vous risquez de voir apparaître toutes les imperfections à la surface du revêtement.

Seule la pose d'un sous-tapis et d'un tapis permet de corriger ces imperfections sans avoir à construire de faux-plancher. Encore faut-il que la pente de dénivellation ne soit pas trop prononcée.

Si la pose d'un tapis est approprié dans le cas d'un sous-sol aménagé en salle de télévision ou en chambre d'invités, il en est autrement si vous prévoyez y aménager la salle de jeux pour des enfants. Le sol demeurera en effet très dur pour ces jeunes qui sautillent, dansent et tombent.

On ne peut poser de la moquette à la grandeur d'un sous-sol, compte tenu que toutes les pièces qu'on y aménage ne s'y prêtent pas, notamment dans l'atelier, la salle de couture, la salle de lavage et la chambre noire.

Pour des raisons pratiques et économiques, il vaut mieux opter pour la construction d'un faux-plancher à la grandeur du sous-sol. Tous les types de revêtements seront alors permis : moquette, tapis, linoléum, parquet et lames de bois franc. La pièce sera aussi plus confortable et moins humide que si vous vous contentez de fixer une moquette directement sur le béton.

Un bon faux-plancher

La hauteur des sous-sols des maisons neuves peut atteindre 8 pieds si vous limitez à la fois l'épaisseur de votre faux-plancher et de votre plafond. La préoccupation quant au dégagement est encore plus grande si votre maison est plus ancienne et présente une hauteur inférieure à 8 pieds.

Afin de permettre un dégagement maximal, je vous incite à construire la charpente du faux-plancher en utilisant des 2 pouces sur 3 pouces disposés au sol sur leur partie la plus large.

Commencez d'abord par la mise en place de la ceinture. Pour que les montants soient bien appuyés contre les murs, assurez-vous que les pièces transversales de 2 pouces sur 3 pouces sont coupées très serrées et viennent en quelque sorte pousser contre le mur les montants disposés à 90°.

Les traverses sont disposées à une distance de 16 pouces, centre à centre, afin de faciliter le clouage des feuilles de contre-plaqué de 4 pieds sur 8 pieds. Celles-ci doivent être d'une épaisseur de 5/8 de pouce, bouvetées.

Pour faciliter le clouage et pour assurer la rigidité du plancher, n'hésitez pas à mettre des entremises entre les traverses. On doit évidemment s'assurer qu'il y a une entremise au point de jonction de toutes vos feuilles de 4 pieds sur 8 pieds. De cette façon, les feuilles de contreplaqué ne seront pas suspendues dans le vide sans attaches.

Toute la charpente est évidemment mise à niveau à l'aide de cales de bois coincées sous les 2 pouces sur 3 pouces. Pour faciliter la mise à niveau, vous avez tout intérêt à commencer la construction de la charpente dans le coin le plus élevé du sous-sol. L'utilisation d'un niveau de menuisier s'avère indispensable pour cette partie du projet.

Dehors, l'humidité!

Une fois la charpente du faux-plancher en place, vous pouvez mettre des feuilles d'isolant rigides entre les traverses. Remarquez que cette précaution n'est pas forcément rentable sur le plan des économies d'énergie. Certains estiment en effet que les pertes de chaleur se produisant par la dalle ne sont pas suffisamment importantes pour justifier l'achat d'isolant rigide. Tout dépend cependant du produit acheté. Des feuilles de 2 pouces d'isolant blanc coûtent beaucoup moins cher que l'isolant bleu avec un coupe-vapeur incorporé. Étant donné que vous ne construirez pas souvent de faux-plancher, pourquoi ne pas opter pour la dépense additionnelle qui, à défaut d'être rentable, accroîtra néanmoins le degré de confort de la pièce?

Une fois l'isolant en place, vous mettrez des feuilles de polyéthylène de 6 millimètres qui feront office de coupe-vapeur. Il ne vous reste plus qu'à fixer les feuilles de contreplaqué à l'aide de vis de 1 1/2 pouce. Ne vous gênez surtout pas pour utliser le maximum de vis. Rien n'est plus irritant que la présence de craquements dus à un plancher mal fixé aux 2 pouces sur 3 pouces.

Parquet ou lames?

La pose de lames de bois franc sur votre faux-plancher coûte de 3 $ à 11 $ le pied carré, sans l'installation. Les prix varient selon l'essence et les dimensions des lames. La dépense est donc de taille et n'est pas toujours justifiée si tous les autres planchers de la maison sont en parquet.

Afin de préserver l'homogénéité de l'ensemble, il vaut mieux, dans un tel cas, opter pour un revêtement de bois identique à celui que l'on trouve ailleurs dans la maison.

Les murs et les plafonds du sous-sol

S'il existe peu de façons de construire un faux-plancher, il en est autrement lorsqu'il s'agit d'ériger des murs et des cloisons et de fixer le plafond.

C'est au moment du choix des matériaux que les différences de coût et d'esthétique revêtent toute leur importance. Heureusement, il est possible d'utiliser des matériaux de catégorie standard tout en s'assurant d'obtenir un résultat qui plaira non seulement aux membres de votre famille, mais aussi aux éventuels acheteurs de votre propriété.

Ne pas trop investir

Qu'importe la beauté de votre sous-sol et le soin apporté à sa finition, il n'en demeure pas moins que l'argent investi à cet endroit n'a pas la même rentabilité que des sommes équivalentes consacrées à des améliorations à l'étage ou au rez-de-chaussée.

Une cuisine rénovée au coût de 10 000 $ ajoute, dans la plupart des cas, plus de valeur à votre maison que la même somme engloutie dans la finition de votre sous-sol. Donc, il faut éviter de trop investir au sous-sol et limiter l'utilisation de matériaux coûteux tels que le marbre, l'acajou, la céramique importée au profit de composantes plus abordables mais tout aussi pratiques.

Mis à part le choix des matériaux, c'est la présence ou l'absence d'une salle de bains ou d'une salle d'eau au sous-sol qui gonflera la facture de façon remarquable. Surtout si vous devez casser la dalle de béton pour raccorder des conduites afin d'obtenir de l'eau.

Les modes

Afin de maximiser vos chances de récupérer une partie significative de vos dépenses au moment de la revente, il vaut mieux privilégier un aménagement «universel» de votre sous-sol, c'est-à-dire que les matériaux doivent être les mêmes que ceux que l'on trouve ailleurs dans la maison.

Pourquoi se contenter de produits bas de gamme ou de calibre «chalet» alors que le reste de la maison présente tous les attributs du modernisme?

À cet égard, laissez à d'autres les panneaux muraux en préfini, les plafonds en stuc et les cloisons recouvertes de carton gaufré. Optez plutôt pour le placoplâtre que vous fixerez tant au plafond que sur les murs. Le recours à un plafond de placoplâtre permet un plus grand dégagement que la mise en place d'un plafond suspendu qui vient gruger quelques pouces de hauteur.

Les pièces

Compte tenu du coût moins élevé de l'espace habitable qui se trouve au sous-sol, on y aménage avant tout des pièces utilitaires: salle de lavage, chambre froide, atelier, salle de couture, casiers de rangement, etc. Si la maison ne possède pas de salle familiale attenant à la cuisine ou à la salle à manger, vous n'aurez d'autre choix que d'installer une salle de jeux au sous-sol.

Mais ce n'est pas parce que les pièces du sous-sol ont une vocation avant tout utilitaire qu'elles ne doivent pas être aussi confortables que toutes les autres de la maison.

Malheureusement, bien des propriétaires traitent leur sous-sol comme s'il s'agissait d'un vieux chalet. On y remise des meubles défraîchis et on décore les lieux avec des objets qui seraient tout probablement refusés par l'Armée du Salut. Dans un tel contexte, il n'est pas étonnant qu'on fasse peu de cas des problèmes d'humidité sévissant au sous-sol.

Les murs extérieurs

Si vos murs de béton sont complètement dénudés, vous avez intérêt à ériger une charpente de 2 pouces sur 4 pouces plutôt que d'opter pour la pose d'un isolant rigide en feuille directement sur les murs. D'une part, parce que la présence d'une charpente facilite le filage de la pièce et l'installation des prises électriques et, d'autre part, parce que les murs risquent d'être plus droits que si l'isolant rigide et le placoplâtre qui les recouvrent épousent les déformations et les inégalités des murs de béton.

Si, par contre, l'entrepreneur a fini une partie des murs en y fixant un isolant blanc recouvert de feuilles de gypse, il s'avérera moins coûteux de compléter la finition des murs jusqu'au plancher. Assurez-vous, dans ce cas, que le coupe-vapeur vient recouvrir toute la surface de votre isolant.

Des cloisons insonorisées

Vous ne réaliserez que des économies marginales si vous décidez d'ériger des cloisons de 2 pouces sur 3 pouces plutôt que de 2 pouces sur 4 pouces. De plus, la plupart des portes vendues dans leur cadre sont conçues pour une installation à l'intérieur d'une charpente de 2 pouces sur 4 pouces et non de 2 pouces sur 3 pouces.

Les cloisons, tout comme les murs extérieurs, sont d'abord montées sur une lisse fixée sur le faux-plancher. La présence de ce dernier vous évite la tâche désagréable de fixer les lisses directement dans le béton à l'aide de clous Tap-Con ou autres du même genre. Les cloisons sont habituellement érigées avant la pose des revêtements de sol : parquet, lames de bois franc ou moquette.

Les montants de 2 pouces sur 4 pouces sont espacés de 16 pouces, de centre à centre. La présence d'entremises limitera la déformation des cloisons et servira de soutien à tout matériau insonorisant mis entre les montants. Les panneaux Sonopan (de la compagnie Cascades) se posent par-dessus les montants. D'autres privilégient, en guise d'insonorisant, les feuilles de carton Ten-Test, insérées entre les montants de 2 pouces sur 4 pouces.

Les personnes préoccupées par les infiltrations de bruit d'une pièce à l'autre du sous-sol trouveront maintenant des portes insonorisées à usage résidentiel.

On suspend les travaux!

La pose d'un plafond suspendu de préférence à un plafond fait de placoplâtre présente l'avantage de faciliter la réparation d'éventuels bris de plomberie.

Le plafond suspendu coûte cependant plus cher que le placoplâtre et vous oblige à sacrifier quelques pouces de dégagement de la pièce. Cette contrainte a son importance lorsqu'on veut éviter l'impression d'écrasement si souvent notée dans un sous-sol.

Les plafonds suspendus ont évidemment leurs détracteurs qui leur reprochent le manque de lumière, le dégagement insuffisant, l'aspect quétaine. Le produit possède néanmoins ses attraits notamment pour les motifs et certaines propriétés inso-norisantes. Sa pose exige toutefois la plus grande attention, car la mise à niveau de la structure n'est pas évidente pour le bricoleur amateur.

Un peu de lumière

On finit toujours deux sous-sols au cours de sa vie de proprié-taire: son premier et... son dernier!

Vu que vous ne répéterez pas souvent un tel projet, n'hési-tez pas à y inclure le maximum d'éclairage. D'une part, parce que cette pièce n'a pas de clarté naturelle et, d'autre part, parce qu'il est plus facile d'encastrer des luminaires pendant la construc-tion que lorsque l'aménagement est complété depuis longtemps.

La présence de luminaires encastrés s'avère aussi plus pra-tique que des lampes de table ou sur pied dans une salle fami-liale. Les enfants qui jouent ne peuvent en effet s'accrocher les pieds ou les mains dans un luminaire encastré au plafond alors que les accidents sont si nombreux lorsque les fils traînent un peu partout au sol.

De grandes améliorations pour moins de 2000 $

Nul besoin de consacrer 50 000 $ à des travaux pour amélio-rer votre habitat. Un budget de 2000 $ suffit à corriger et à embellir plusieurs aspects de votre propriété. De plus, ces tra-vaux fort rentables ajoutent beaucoup plus à la valeur de votre résidence que leur coût initial.

Toujours la façade

Les travaux en façade de votre maison demeurent toujours, et de loin, parmi les plus profitables. Ils donnent fière allure à la propriété tout en créant un aspect attrayant qui facilitera un jour la revente.

Le bungalow traditionnel compte souvent moins de trois fenêtres. Vous pouvez donc remplacer les vieilles fenêtres coulissantes en vinyle ou en aluminium par d'autres plus esthétiques et plus résistantes au froid. Une fenêtre de taille et de qualité moyennes se vend entre 400 $ à 500 $.

À cela, vous ajoutez de 200 $ à 300 $ pour l'installation de chacune des fenêtres. La porte peut, quant à elle, être rafraîchie à l'aide d'une peinture ou par la pose d'un lambris de bois.

Si vos fenêtres sont en bon état et vous satisfont, consacrez environ 500 $ à l'achat d'une porte neuve à haute efficacité énergétique. Le coût est évidemment plus élevé si vous optez pour un modèle avec des vitraux incorporés. Rappelez-vous, dans ce dernier cas, que la présence de vitraux diminue la résistance thermique de la porte. Le coefficient de résistance d'un vitrail excède rarement R-4, alors que celui de la porte peut atteindre R-12. À titre de référence, la résistance d'un mur extérieur bien isolé atteint aisément R-25.

Du feu dans la cheminée

La plupart des acheteurs de maisons apprécient la présence d'un foyer ou d'un poêle à bois. Les modèles superperformants à combustion contrôlée coûtent 2000 $ et plus, mais sachez que bon nombre de propriétaires se contentent de foyers dits d'agrément. Cela veut dire des appareils peu performants qu'on apprécie surtout pour le plaisir d'y voir brûler des bûches.

Des appareils de ce type se vendent à des prix variant de 400 $ à 1000 $ selon leur capacité, leur matériau et leur esthétique. À ces coûts, s'ajoutent les frais d'installation et d'achat de la cheminée.

Rien ne vous oblige à construire, dès la première année, une boîte extérieure qui viendra recouvrir la cheminée d'aluminium; vous pouvez donc remettre à l'année prochaine cette dépense.

Le poêle à bois est, en règle générale, plus performant que le foyer d'agrément. En contrepartie, il coûte plus cher et son installation au salon est habituellement moins heureuse sur le plan esthétique que la présence d'un foyer. Le poêle à bois est, pour cette raison, plus souvent qu'autrement relégué au sous-sol.

Évitez la déprime

L'automne et l'hiver annoncent l'arrivée des journées écourtées qui jouent sérieusement sur le moral de bon nombre de personnes. Les travaux qui ajoutent à la luminosité naturelle de vos pièces sont donc particulièrement prisés au cours de la saison froide.

À défaut d'installer un solarium de 30 000 $, vous pouvez corriger certaines lacunes de votre maison en optant pour un puits de lumière beaucoup moins coûteux. Son installation se fait alors dans le haut de la cage d'escalier, dans la cuisine et dans la salle à manger.

Autrefois bannie des chambres à coucher à cause de la trop grande luminosité qu'il créait, le puits de lumière est aujourd'hui mieux adapté aux pièces de repos. Il s'agit de munir le puits de stores pouvant être activés par télécommande.

Il existe deux grandes familles de puits de lumière : ceux faits de vitre à forme plate et ceux faits de plexiglas en forme de bulle ou de pyramide.

Les puits vitrés sont les plus chers, mais ils s'avèrent les plus polyvalents. On peut choisir un modèle ouvrant, avec stores, ailette de ventilation et même détecteur de pluie qui active le mécanisme de fermeture dès la tombée des premières gouttelettes. Il faut compter dépenser de 1000 $ à 1500 $ pour l'achat et l'installation d'un puits vitré de dimensions moyennes (3 pieds sur 5 pieds).

Une cave dans la cave

Vous vous imaginez peut-être qu'il faut être millionnaire pour avoir une cave à vin. Détrompez-vous, car l'aménagement d'une telle cave se résume à peu de choses.

Il suffit d'une pièce aux petites dimensions dont la température est maintenue aux alentours de 10 °C, à l'abri des odeurs, de la lumière et des vibrations.

Il faut ériger deux murs à âme isolée dans un coin du sous-sol et y installer des caisses ou des tablettes de rangement. Une cave de 8 pieds sur 10 pieds peut aisément loger 1000 bouteilles. Le coût de tels travaux, incluant les tablettes de rangement, excède rarement 1000 $.

Rajeunir sa salle de bains

Refaire à neuf une salle de bains peut facilement grever votre budget de 5000 $, de 10 000 $, voire de 20 000 $. À défaut de disposer de telles sommes, rien ne vous empêche de rafraîchir les lieux sans recourir à une seconde hypothèque.

La recette consiste à privilégier l'utilisation de peinture et d'accessoires afin d'attirer les regards, sans qu'il soit nécessaire de remplacer les sanitaires (s'ils sont toujours en bon état, évidemment!).

La pose d'un miroir surdimensionné s'avère sans doute la solution la plus efficace lorsque la salle de bains présente des dimensions restreintes. À cet égard, consolez-vous en sachant que 80 % des propriétaires québécois se contentent d'une salle de bains dont les dimensions n'excèdent pas 8 pieds sur 10 pieds. Ce miroir peut vous coûter 500 $ alors que le rideau de douche de luxe se vend entre 150 $ et 200 $. Il vous reste toujours 1300 $ à consacrer à l'achat de porte-serviettes, de supports à savon, d'un tapis de bain, de peinture, de luminaires et de carreaux neufs à installer au sol.

Un p'tit coup de cèdre ?

Bien souvent, les garde-robes et les lingeries ne peuvent recevoir tous les vêtements et toute la literie d'un ménage.

La construction d'une garde-robe de cèdre permet non seulement de dégager vos penderies de chambres à coucher au rythme des saisons, mais aussi de conserver plus longtemps vos lainages et vêtements de qualité.

Pour construire votre garde-robe, utilisez du cèdre aromatique en planches ou en feuilles de copeaux de 4 pieds sur 8 pieds. Recourir aux feuilles de copeaux coûte deux fois moins cher que les planches qui demeurent, par contre, plus esthétiques. Ce facteur n'a d'importance que si votre visite a accès à la garde-robe.

L'endroit où vous aménagez la garde-robe de cèdre dépend essentiellement de l'usage que vous en faites. Pour ranger des vêtements saisonniers, il vaut mieux privilégier le sous-sol.

Les feuilles de cèdre peuvent être fixées directement sur les montants de 2 pieds sur 3 pieds ou de 2 pieds sur 4 pieds formant vos murs. Les feuilles doivent recouvrir toutes les surfaces intérieures de la garde-robe, tant le plancher que le revers des portes. Nul besoin de prévoir une bouche d'aération, le bois de cèdre a la propriété d'absorber toute trace d'humidité.

Il ne faut pas non plus appliquer une quelconque teinture ou peinture sur les feuilles ou les planches de cèdre. Vous ne feriez qu'empêcher l'arôme de se dégager du bois et sacrifie-riez ainsi les propriétés de préservation de la garde-robe.

Déménager ou agrandir ?
Un choix facile

Dans le contexte actuel où les maisons à vendre sont relati-vement rares, il s'avère plus simple et souvent moins coûteux d'agrandir la maison. En agissant ainsi, vous profitez de plus d'un avantage : vous continuez à vivre dans un quartier que vous con-naissez déjà et que vous appréciez depuis des années.

Les coûts du déménagement

Le besoin d'espace accru constitue l'une des principales rai-sons de déménager. Avant de mettre votre maison en vente et de partir à la recherche d'une maison plus grande, il vaut mieux déterminer les coûts directs et indirects de votre décision.

Faisons l'hypothèse que vous habitez un bungalow de 150 000 $ et que vous espérez dénicher une maison plus grande, de type cottage, dont les prix affichés se situent aux environs de 200 000 $.

1. Commission à l'agent (7 % de 150 000 $) : 10 500 $
2. Déménageur : 2000 $
3. Peinture dans la nouvelle maison : 2000 $
4. Nouvelles tentures : 1000 $
5. Taxe de mutation : 1200 $
6. Prix plus élevé de la maison : 50 000 $

Le fait de déménager vous coûte donc tout près de 70 000 $. Dans les circonstances, le défi consiste à agrandir votre mai-son pour une somme équivalente ou moindre. En fait, on pourrait simplifier davantage en établissant une comparaison entre le coût au pied carré de la superficie accrue de la nouvelle maison et le coût au pied carré d'un agrandissement de votre maison actuelle.

Il faut aussi définir les raisons précises pour lesquelles vous souhaitez plus d'espace. Désirez-vous plus de pièces ou le même nombre de pièces mais chacune d'une plus grande superficie ? Ces deux approches sont nettement différentes l'une de l'autre. Un plus grand nombre de pièces permet évidemment de satisfaire les besoins changeants des membres de la famille au fur et à mesure que les goûts changent. C'est ainsi que vous souhaitez peut-être des pièces additionnelles pour un bureau, une chambre d'invités, une salle familiale au rez-de-chaussée, un cinéma maison, et ainsi de suite.

Par ailleurs, vous pouvez désirer agrandir seulement quelques pièces afin de donner l'impression de mieux respirer et, par le fait même, de mieux relaxer. Par exemple, vous souhaitez une plus grande chambre principale jumelée à une salle d'habillage ou une immense salle de bains avec divan de cuir et table de billard. Ne riez pas, ça existe ! Le propriéctaire en question avait ajouté un étage à sa maison des Cantons-de-l'Est dans le seul but d'y aménager une salle de bains qui ferait l'envie des gens du Cirque du Soleil.

Déménager, rénover ou démolir ? Un cas vécu

Stéphan, propriétaire d'une maison fort modeste située à Longueuil, est confronté à un dilemme: doit-il rénover sa maison, la démolir pour en construire une autre ou tout vendre et quitter le quartier ?

Cette question, simple à première vue, n'est pas si facile à répondre puisque l'attachement émotif et l'insécurité face à l'avenir viennent tour à tour teinter la réflexion.

Essayons tout de même d'analyser les informations les plus pertinentes reliées à ce cas.

La propriété

Construite en 1945 sur un terrain de 5500 pieds carrés, cette maison de plain-pied mesure 24 pieds sur 30 pieds. Elle ne compte qu'un étage et la cave n'a qu'une hauteur de 4 pieds. Le plancher de la cave est en terre et les fondations sont faites de blocs de ciment dont la surface intérieure est isolée de mousse giclée.

L'espace habitable de 720 pieds carrés offre deux petites chambres, une salle de bains ainsi qu'une plus grande pièce sans cloison mesurant 14 pieds sur 30 pieds qui sert de salon et de cuisine.

Achetée 81 000 $ en 1992, la propriété a depuis ce temps fait l'objet de quelques améliorations et réparations, dont une nouvelle toiture de 7000 $ en 1994 et la pose d'une porte-fenêtre dans le mur latéral donnant sur le salon. Les fenêtres, sans être neuves, sont en bois, à battants. Elles sont encore en bonne condition. Le plancher est d'origine et accuse quelques déformations dues à l'humidité qui émanait du sous-sol jusqu'à ce que le propriétaire installe sur le plancher de terre de grandes feuilles de polyéthylène.

L'état et l'apparence générale de tout cet espace rappellent davantage l'image d'un chalet que d'une maison située en zone urbaine. Stéphan rappelle que cette propriété a d'ailleurs été conçue et utilisée comme résidence secondaire.

L'indispensable sous-sol

La plus grande lacune de cette propriété est son absence de fondations de béton coulé. Sur le plan de la rentabilité, rien ne sert de procéder à des rénovations majeures sans tout d'abord couler de vraies fondations. La maison devra donc être soulevée, déposée sur des pyramides de bois pendant que l'on coule des fondations pleine hauteur. Le coût approximatif de tels travaux est de 25 000 $ auxquels il faut ajouter 5000 $ pour les travaux de raccordement de plomberie et la construction de l'escalier menant à l'étage.

Les entreprises spécialisées en de tels travaux, notamment Héneault et Gosselin, recommandent de couler des fondations de façon que le plafond du sous-sol soit au moins 36 pouces plus haut que le niveau de la rue afin d'assurer un bon drainage. Puisque la pente séparant la maison de la rue est faible, Stéphan pourrait profiter de fondations de type demi-sous-sol. L'éclairage naturel des pièces serait donc nettement plus généreux que dans le cas d'un sous-sol dont les fenêtres seraient installées dans le haut des murs.

Pour quelque 30 000 $, la superficie habitable de la maison serait ainsi doublée.

Agrandir ou démolir?

Stéphan, dont le souhait principal est d'agrandir son espace habitable, songe aussi à l'ajout d'un étage. Cette solution ne peut par contre être envisagée sans d'abord procéder à la mise en place de nouvelles fondations. De plus, les coûts d'un tel ajout à l'étage varient de 100 $ à 150 $ le pied carré. En admettant que Stéphan veuille malgré tout procéder de cette façon, il devra débourser au total une somme variant de 105 000 $ à 160 000 $. Cette solution est non seulement très coûteuse mais illogique:

un étage flambant neuf et des fondations solides, mais un rez-de-chaussée qui présente toujours l'allure d'un chalet des années 1940!

Si Stéphan tient absolument à habiter une maison de deux étages, il vaudrait mieux tout démolir. À un coût de construction de 125 $ le pied carré, Stéphan pourrait profiter d'une maison de 1100 pieds carrés en plus d'un sous-sol neuf aménageable. Tous les matériaux et composantes seraient donc neufs et il n'y aurait aucun constraste esthétique entre les pièces du rez-de-chaussée et celles de l'étage.

Compte tenu que la valeur du terrain est approximativement de 50 000 $, la valeur totale de sa nouvelle propriété excéderait 150 000 $. Dans les conditions actuelles d'un marché fébrile, l'investissement serait donc fort rentable.

Les options

Le propriétaire de cette maison fondera sa décision finale sur une série de considérations qui ne sont pas toutes d'ordre financier. La maison est située dans un quartier à cinq minutes du pont Jacques-Cartier et des autoroutes menant vers Québec, les Cantons-de-l'Est et les États-Unis. Les écoles de ses enfants se trouvent tout près et offrent une excellente qualité d'enseignement. Qui plus est, la fébrilité immobilière touche son secteur, longtemps négligé des acheteurs et des investisseurs. Fait important, son terrain est de bonnes dimensions et offre une intimité face aux voisins. L'achat d'un terrain comparable dans un nouvel ensemble résidentiel coûterait extrêmement cher, puisque le coût au pied carré dans ces secteurs se situe à 20 $.

Stéphan a comme souhait principal d'accroître l'espace habitable au moindre coût. Ses moyens financiers sont relativement modestes, mais il a un talent certain pour les travaux manuels.

Dans les circonstances, tout indique que la solution la mieux adaptée à sa situation consiste à couler des fondations en demi-sous-sol, d'aménager lui-même le nouvel espace et de profiter de tous ces travaux pour refaire le revêtement extérieur en utilisant des planches de bois traité peintes en usine.

Pourquoi de si grands écarts dans les soumissions pour des travaux majeurs?

Vous serez étonné de constater l'importance des écarts dans les soumissions pour vos rénovations majeures. Afin d'orienter votre choix en fonction de l'entrepreneur le plus compétent et, surtout, afin de maximiser l'appréciation éventuelle de votre propriété, vous devez connaître la raison de ces écarts. Certains sont justifiés, d'autres le sont beaucoup moins!

Des cas réels

Un de mes clients qui prévoyait ajouter deux chambres à coucher à l'étage de sa maison s'est fait dire par trois entrepreneurs différents que les coûts seraient respectivement de l'ordre de 72 000 $, de 91 600 $ et de 127 000 $.

Un autre me faisait part d'un écart allant du simple au double pour la réparation de dommages causés à son duplex par des infiltrations d'eau, soit de 6200 $ à 13 000 $.

Face à de tels écarts, il ne faut surtout pas octroyer le contrat au plus bas soumissionnaire. Il vaut mieux payer un peu plus cher pour faire réaliser vos travaux si vous doutez que l'entrepreneur le moins coûteux ne pourra livrer la marchandise selon vos attentes.

Tout d'abord, soyez clair!

Il arrive que les écarts de soumission d'un entrepreneur à l'autre ne soient que le résultat inévitable d'un manque de précision de la part du client.

Le propriétaire qui demande à quelques entrepreneurs de constater l'état des lieux et qui leur décrit verbalement la nature des travaux à réaliser ne peut espérer des soumissions précises et réalistes.

Si vous parlez aux entrepreneurs alors que vos idées sont plus ou moins floues et que vous n'avez pas pris la peine de faire rédiger un plan détaillé, ne soyez pas surpris si les chiffres avancés par les entrepreneurs soient eux aussi imprécis et irréalistes. Les écarts, dans de telles circonstances, ne sont donc pas étonnants.

L'entrepreneur compétent

Ne vous fiez pas trop à l'entrepreneur qui, lors de sa visite, griffonne le calcul de sa soumission sur le coin de la table de cuisine même s'il a consacré un gros quinze minutes à examiner les plans que vous avez placés devant lui en début de soirée.

Une soumission réfléchie et structurée exige au contraire temps et travail de la part de l'entrepreneur: de deux à trois jours, parfois plus dans le cas de travaux majeurs.

L'entrepreneur doit notamment vérifier la disponibilité des matériaux et des composantes indiqués sur le devis. Il doit de plus négocier avec ses fournisseurs les prix les plus avantageux et, surtout, s'assurer que la livraison des éléments faits sur mesure sera effectuée à l'intérieur des délais prescrits par son client. Tout cela prend du temps, sans compter les heures à planifier le calendrier ou le cheminement critique des travaux.

À titre indicatif, il faut prévoir une journée de travail sur le chantier pour chaque tranche de 2500 $ de travaux. Un projet de rénovation qui vaut 45 000 $ s'échelonnera donc sur une période de trois semaines. Il importe à l'entrepreneur de faire le meilleur usage de ce temps en s'assurant que tous les éléments s'imbriqueront les uns dans les autres sans provoquer de retards ni de frais indus.

Un expert, c'est un expert!

Tous les entrepreneurs en rénovation peuvent ériger une cloison sans trop de problèmes. De même, la plupart sont en mesure de fixer des panneaux de contreplaqué sans tenir en main un guide de rénovation.

Cela dit, tous les entrepreneurs ne possèdent pas la même expertise ni les mêmes connaissances pour tous les types de travaux. Vous en trouverez qui se spécialisent dans les cuisines et les salles de bains et d'autres, dans l'ajout d'étage et les rallonges de maison.

Apprenez à vous méfier de l'entrepreneur qui se vante un peu trop rapidement de pouvoir réaliser n'importe quel type de projet sans d'abord vous présenter des photos et les coordonnées de contrats semblables déjà réalisés.

Le faux spécialiste qui sait fort bien que votre contrat constituera pour lui un apprentissage, voudra protéger ses arrières au moment de la soumission en estimant un nombre plus élevé d'heures de réalisation.

Il y a encore beaucoup trop d'amateurs dans le domaine de la rénovation. Assurez-vous de faire appel à un professionnel accrédité qui utilise une main-d'œuvre possédant toutes les compétences et les «cartes» voulues. Il n'est pas étonnant que des soumissions rédigées par des professeurs en vacances, des pompiers en congé, des prestataires de la CSST, des pingouins et des phoques d'Alaska réussissent à faire une soumission à moindres coûts. L'entrepreneur qui n'embauche que des amateurs ou des travailleurs au noir peut évidemment déposer des soumissions plus basses que celui qui fait affaire avec son équipe de travailleurs d'expérience qu'il rémunère autrement mieux qu'à des salaires de crève-faim.

Les matériaux

À moins que le devis ne le spécifie, le choix des matériaux et des composantes incombe à l'entrepreneur.

Si votre plan spécifie l'installation de portes françaises entre le salon et la salle à manger, mais n'en mentionne ni la marque ni la qualité, rien ne vous assure que l'entrepreneur vous livrera le produit qui vous convient. Que direz-vous si l'entrepreneur vous installe des portes en pin jointoyés dont tous les carreaux sont à périmètre plat, alors que vous rêviez de portes en bois sans joint et à carreaux biseautés?

L'entrepreneur qui demande un peu plus cher pour la réalisation de votre projet a peut-être tenu compte de vos goûts et de vos exigences au moment de la préparation de sa soumission. Ou peut-être évite-t-il systématiquement des matériaux et des composantes de moindre qualité lors de la réalisation de tous ses contrats.

Le choix de l'entrepreneur : pas toujours le moins cher !

La rentabilisation de vos travaux de rénovation majeure s'avère une tâche plus complexe que de sélectionner toutes les composantes au meilleur prix. Surtout lorsque la réalisation du projet est confiée à un entrepreneur.

À cet égard, je vous rappelle qu'il vaut mieux choisir un entrepreneur en vous référant à des données autres que le seul montant exigé pour le projet. L'expérience a démontré à maintes occasions que le fait d'opter pour un entrepreneur en fonction uniquement de la soumission la plus basse s'avère une erreur souvent plus coûteuse que la différence de coûts qui séparait la soumission la plus basse des autres proposées.

1 Vous devrez vivre avec l'entrepreneur

Entreprendre des travaux majeurs signifie que vous aurez en quelque sorte à vivre avec l'entrepreneur et ses ouvriers pendant plusieurs semaines, voire quelques mois.

La construction d'une rallonge de 80 000 $ ou la réfection complète de votre salle de bains ou cuisine vous obligera à vous accommoder de l'humeur et des particularités de la personnalité de l'entrepreneur.

Celui qui vous aura soumis une proposition de 3000 $ inférieure à celles des concurrents pourrait s'avérer celui dont le caractère et les humeurs s'apparentent le moins bien à vos habitudes de vie, à vos exigences et à votre patience. Vous voudrez notamment vérifier les points suivants.

Un discours clair

Les contrats les mieux planifiés et les plus détaillés laissent toujours place à l'interprétation et aux demandes de toutes sortes au cours des travaux. Vous mettrez peut-être en doute le modèle de portes intérieures fournies par l'entrepreneur ou la qualité des éléments de finition qui décorent le bas et le haut des murs.

D'autres fois, vos interrogations seront d'ordre technique. L'ouverture de la cloison ne pourra être aussi grande que souhaitée, ou l'emplacement prévu du puits de lumière devra être déplacé faute d'espace entre les fermes. Dans de tels cas et dans bien d'autres, vous espérez et vous avez droit à des réponses claires et sans détour de la part de l'entrepreneur. Rien n'est plus frustrant que de faire affaire avec quelqu'un qui, une fois le contrat signé, laisse tomber toute civilité et toutes les bonnes manières.

En fait, l'attitude et le discours adoptés par les entrepreneurs au moment de la première rencontre sont habituellement assez révélateurs pour les clients qui savent poser les bonnes questions et, surtout, qui savent écouter la qualité des réponses fournies.

Un professionnel moderne

Au début du siècle, seulement 15 % des Québécoises faisaient partie de la main-d'œuvre alors qu'aujourd'hui, c'est plus de la moitié d'entre elles qui se trouvent sur le marché du travail. Il n'est donc pas étonnant que bon nombre de femmes ayant un conjoint partagent à parts égales les frais d'une rénovation majeure.

Cette nouvelle réalité, conjuguée au fait que tous et toutes ont droit à un traitement égal, milite en faveur de l'entrepreneur qui adopte une attitude dénuée de tout sexisme.

Ainsi, la femme doit pouvoir obtenir, tout autant que l'homme, une réponse intelligente et immédiate à ses questions. Je suggère aussi aux intervenants de tous les domaines de laisser tomber la pénible expression «ma petite dame» qui justifie, à mon avis, que le contrat soit confié à un fournisseur aux vues et au discours moins étroits.

Un entrepreneur organisé

Rien ne vous sert de choisir l'entrepreneur le moins cher si, en bout de ligne, les travaux prennent deux fois plus de temps que promis à réaliser. Ces retards peuvent en effet réduire à néant les soi-disant économies que vous croyiez réaliser: frais d'hôtel, finition déficiente, travaux escamotés et vie familiale déséquilibrée.

L'entrepreneur sérieux doit être en mesure de vous soumettre un plan qui décrit en détail les étapes et les dates de réalisation des divers travaux.

Vous voudrez aussi que l'entrepreneur soit en mesure de coordonner tous les ouvriers nécessaires. Et c'est là d'ailleurs que les demandes de références auprès des clients antérieurs s'avèrent importantes. C'est d'ailleurs à cette occasion que vous vérifierez tous les autres éléments qui vous préoccupent : relations interpersonnelles, ponctualité, respect des ententes, propreté du chantier, etc.

Une complicité bienvenue

Il est légitime de choisir son entrepreneur en fonction de critères économiques et qualitatifs. Rien ne vous empêche pour autant de favoriser la candidature de la personne avec laquelle vous établissez rapidement une complicité lors de la première rencontre.

Sans nécessairement rechercher un ami pour la vie, le fait de bien vous entendre avec l'entrepreneur avec qui vous avez des atomes crochus aide grandement à accepter les inconvénients que provoque nécessairement tout projet majeur.

Cette complicité ou cette sympathie mutuelle peut s'établir en raison du vocabulaire utilisé, de la découverte de connaissances ou d'amis communs, de la présentation et de la personnalité avenante de l'entrepreneur.

❷ Votre voisinage s'améliore-t-il ?

Votre entrepreneur serait en or et la qualité de son travail impeccable que vous n'êtes toujours pas assuré de rentabiliser votre projet si vous n'avez pas tenu compte de l'état de votre quartier au moment du début des travaux.

Il fut un temps où les quartiers étaient soit stables, soit en progression. Au Québec, rares étaient les secteurs qui, en quelques années, perdaient presque tout leur attrait.

Aujourd'hui, les choses sont bien différentes. Certains quartiers qui, il y a à peine cinq ans, étaient à la mode attirent maintenant peu de gens.

Dans les quartiers urbains, la cause est souvent reliée à la hausse du taux de criminalité. Dans d'autres, c'est la fermeture d'une usine, la construction d'un centre commercial dans le secteur voisin qui provoque la fermeture de services locaux, la morosité d'une rue principale autrefois animée ou l'exil de la population vers des cieux plus cléments.

Compte tenu de toutes ces variables, où classez-vous votre quartier? La qualité de vie s'y maintient-elle ou est-ce que vous craignez maintenant de vous y promener le soir?

Des réponses honnêtes à ces questions vous aideront à déterminer s'il est oui ou non rentable d'investir dans la réalisation de travaux majeurs.

Si tout le monde dans votre secteur rénove, c'est bon signe. Si, au contraire, vous êtes le seul à rénover dans une rue où pullulent maintenant les piqueries et les maisons de chambres, il est fort probable que vous aurez un jour beaucoup de difficulté à trouver un acheteur qui vous offrira le prix voulu pour votre propriété.

3 Évitez de trop rénover!

Votre entrepreneur est toujours en or et votre quartier ne fait que des jaloux. Vous allez donc de l'avant et investissez toutes vos économies en croyant que votre maison ne pourra jamais être ni trop belle ni trop moderne.

Eh bien, détrompez-vous! Si vous souhaitez toujours récupérer la plus grande partie de votre investissement, vous ne pouvez faire abstraction de la valeur des autres propriétés de votre secteur. Par exemple, seriez-vous intéressé à acheter une maison fraîchement rénovée de 225 000 $ dans une rue où toutes les autres propriétés non rénovées ont une valeur moyenne de 180 000 $?

Si vous êtes un acheteur normal, vous hésiterez probablement à effectuer un tel choix, puisque la valeur marchande de votre nouvel environnement constituera un frein à l'appréciation de votre nouvelle résidence. À l'inverse, la présence de nombreuses maisons cossues a pour effet de stimuler l'appréciation de la propriété la plus modeste située dans le même secteur.

En tenant compte de cette considération, évitez de trop rénover votre maison. Vous vous abstiendrez de le faire si la maison, une fois rénovée, n'excède pas en valeur plus de 25 % celle des propriétés voisines.

S'assurer de bonnes relations avec l'entrepreneur

Le projet de rénovation le plus alléchant peut s'avérer catastrophique si les relations avec l'entrepreneur partent du mauvais pied et se détériorent en cours de travaux.

Le propriétaire se rend compte alors trop tard que le montant de la soumission fournie par l'entrepreneur ne devait pas être le seul critère de sélection.

Un invité dans la maison

Les travaux de rénovation majeurs se réalisent sur une période s'échelonnant de plusieurs semaines à plusieurs mois. L'embauche d'un professionnel vous oblige, lorsque vous habitez les lieux en cours de travaux, à vous adapter à la présence d'une tierce personne qui devient en quelque sorte un invité de la maison. Un invité qui peut devenir incommodant si vous ne prenez pas la peine de prévoir, dès le départ, les nombreuses sources de friction possibles.

Ne sous-estimez surtout pas l'importance de la place qu'occuperont l'entrepreneur et ses ouvriers une fois le projet amorcé. Il se présentera tôt le matin et quittera les lieux souvent tard en après-midi. Ses ouvriers déplaceront meubles, bibelots et dérangeront les habitudes du ménage. Le bruit et la poussière viendront ajouter aux désagréments et accroître l'inconfort des occupants.

À cela s'ajouteront peut-être les frustrations associées aux retards dans les travaux, aux coûts imprévus, aux modifications du plan, à la qualité des matériaux ainsi qu'aux lacunes du service après-vente.

Les plans et les devis ne disent pas tout

Une bonne part des frictions survenant entre le client et l'entrepreneur peuvent être évitées si le propriétaire voit tout d'abord à la rédaction de plans et de devis précis.

Les plans décrivent les travaux à réaliser alors que les devis énumèrent la nature, le volume et parfois la qualité et la marque de commerce des matériaux souhaités.

Ayant en main ces documents, le client peut en remettre une copie à au moins trois entrepreneurs appelés à faire une soumission pour les travaux. L'entrepreneur est donc en mesure de quantifier avec précision le coût du projet et ainsi éviter les surprises désagréables.

Toutefois, les plans et les devis ne disent pas toujours tout. Voilà pourquoi le client doit réviser le document avec l'entrepreneur de façon à s'assurer que chacune des parties comprend les exigences et les contraintes de l'autre.

Par exemple, le plan peut spécifier qu'il y aura des portes françaises entre le salon et la salle à manger. Si la nature et la qualité de ces portes ne sont pas spécifiées, l'entrepreneur commandera des portes de qualité standard. Une fois les portes livrées, le client s'objectera à leur pose sous prétexte qu'il désire des portes françaises avec des vitraux ou des verres biseautés, d'où une friction et une mésentente possible avec l'entrepreneur.

L'important consiste à maintenir un dialogue constant entre l'entrepreneur et le client et d'assurer ce dernier qu'aucun travail ou modification ne sera apporté tant qu'il n'y a pas d'entente sur les coûts.

Les modifications en cours de travaux

Les modifications en cours de travaux peuvent coûter cher. Trop cher selon certains propriétaires, qui croient que l'entrepreneur en profite pour imposer une prime excessive aux modifications imprévues.

Il faut savoir qu'une fois muni des plans et devis, l'entrepreneur voit déjà à commander les matériaux et les composantes, à aviser ses différents sous-traitants de la nature des travaux à effectuer chez le client et des éléments à y incorporer. Tout cela exige temps, argent et planification.

Le fait de vouloir remplacer la marqueterie prévue par des lames de bois franc, d'agrandir une pièce dont le nouveau mur est déjà en place ou d'opter pour un comptoir à lavabo double plutôt que simple dans la salle de bains, voilà autant d'éléments qui bousculent le calendrier des travaux et viennent briser la chaîne de planification et de livraison des matériaux. L'ajout aux coûts du projet est forcément à l'avenant.

Afin d'éviter ces primes aux modifications, le client a donc intérêt à bien définir ses besoins avant de commander plans et devis, des documents qu'il révisera de toute façon en compagnie de l'entrepreneur.

Le ménage

Les travaux, petits ou grands, dérangent une maisonnée! La poussière, le bruit, les matériaux, la présence d'ouvriers ne doivent pas pour autant rendre la vie de famille impossible. D'où l'importance de négocier dès le départ les conditions de réalisation des travaux avec l'entrepreneur.

Le client dont les enfants arrivent de l'école en fin d'après-midi est en droit de demander à l'entrepreneur que les travaux cessent à cette heure précise. Que l'arrivée des ouvriers le matin doit aussi coïncider avec le départ des jeunes pour l'école. Cette attention peut même être spécifiée en annexe au contrat qui lie le client et l'entrepreneur.

Le remplacement des fenêtres, la réfection de la salle de bains et l'ajout d'un étage génèrent évidemment énormément de poussière, de débris et de déchets. Il est très désagréable de rentrer à la maison le soir, une fois les ouvriers partis, et de réaliser que toutes les pièces de la maison portent les traces de leur passage.

Il faut donc vous assurer avec l'entrepreneur que celui-ci prendra toutes les précautions pour limiter la poussière et les saletés jusque dans votre rôti de bœuf, vos céréales et vos pyjamas. La pose d'un polyéthylène entre les pièces habitées et les pièces rénovées ainsi que l'obligation par les ouvriers de nettoyer leur chantier avant leur départ sont les deux seules façons de maintenir un lieu acceptable et le confort des occupants.

Calmer les angoisses

Entreprendre des rénovations majeures constitue un projet d'envergure pour la plupart des propriétaires. Ils sont plus souvent qu'autrement angoissés face aux retards, au mauvais choix de matériaux, aux dérangements, aux dépassements des coûts, etc.

Manifester cette angoisse de façon subite et intempestive pendant les travaux peut provoquer des frictions et des mésententes avec l'entrepreneur. Celui-ci peut se faire reprocher différentes fautes comme ne pas informer son client du degré d'avancement des travaux, de la cause des retards ou du remplacement des matériaux. Le client peut aussi s'inquiéter du grand dérangement que provoqueront les travaux, de l'obligation de faire dormir le plus jeune ailleurs que dans sa chambre, du bruit qui viendra perturber les activités du travailleur autonome dont le bureau est au sous-sol, etc.

Les règles de l'art

S'il existe des entrepreneurs difficiles, il existe aussi des clients difficiles qui agissent comme des gérants d'estrade sur le chantier.

Il faut savoir que les plans ne spécifient pas forcément les techniques d'assemblage de la charpente des murs ni la grandeur des vis qui seront utilisées pour la mise en place des armoires de cuisine. Le client doit savoir que l'entrepreneur s'est engagé par contrat à réaliser les travaux selon les normes et les règles de l'art.

Les normes sont celles du Code national du bâtiment et de la municipalité où est située la propriété. Les règles de l'art, quant à elles, font référence au talent et aux compétences de l'entrepreneur. Lorsque vous embauchez un avocat, vous ne lui dictez pas les stratégies ni les techniques à adopter dans votre dossier. Vous assumez que, grâce à sa formation et à son expérience, il connaît son métier et adoptera la voie la plus efficace présentant les plus grandes chances de réussite.

Il en va de même lorsque vous embauchez un entrepreneur. Grâce à sa formation et à son expérience, il sait comment assembler une charpente, installer des armoires de cuisine et fabriquer un faux-plancher.

Le client est évidemment en droit de surveiller le bon déroulement des travaux. Toutefois, à moins d'être expert dans le domaine, il serait malvenu de mettre en doute, à chaque occasion, la technique de pose de la céramique, la solidité des montants ou la qualité des soudures de la plomberie.

Les travaux majeurs : faire ou faire faire?

Désireux de réaliser des économies, de nombreux propriétaires sans expérience entreprennent des rénovations sans en connaître les tenants et aboutissants, ce qui peut occasionner l'effet contraire de celui escompté : retards, dépassement des coûts, gaspillage de matériaux, erreurs de conception, etc. Sans compter la détérioration des relations entre les conjoints.

Il vaut mieux, dans de tels cas, confier l'exécution des tâches à des professionnels reconnus dont le coût des services plus élevé est néanmoins compensé par la rapidité et par la qualité de leur travail. Les propriétaires qui souhaitent malgré tout réaliser une partie des rénovations ont tout intérêt à choisir des travaux à la mesure de leurs connaissances techniques.

«Vas-y, Maurice, t'es capable!»

La meilleure volonté du monde ne réussit pas à transformer du jour au lendemain un patineur débutánt en hockeyeur professionnel. Il en va de même en construction et en rénovation.

La personne qui n'a jamais érigé une cloison dans un sous-sol n'a pas à se surprendre si elle se retrouve aux prises avec des problèmes majeurs en entreprenant la construction d'une rallonge de 600 pieds carrés ou la conversion d'un grenier en bureau. Des rénovations de cette envergure exigent que le propriétaire ait en quelque sorte «fait ses classes» en ayant déjà réalisé des travaux allant des plus simples aux plus complexes.

Ce n'est notamment pas parce que vous aimez bricoler les appareils électriques de la maison que vous possédez les compétences pour réussir l'installation électrique du sous-sol ou de la rallonge. De même, le fait de remplacer une bague d'étanchéité d'un robinet ne vous assure pas de réussir le remplacement de tout un système de plomberie.

Il existe de nombreuses façons d'acquérir des connaissances en rénovation sans pour autant s'inscrire à temps plein à une école de métiers. La plus évidente et la plus profitable consiste à seconder un professionnel ou un de vos amis, rénovateur aguerri, dans son travail et à bien observer le soin qu'il apporte à l'exécution des tâches. Il existe aussi les nombreuses publications qui décrivent, étape par étape et dans les plus menus détails, l'exécution d'une grande variété de travaux de rénovation et de construction. Parmi les mieux conçues, notons :

- *Encyclopédie Black & Decker du bricolage* (22 volumes, Broquet) ;

- *Rénovez votre maison* (Sélection du Reader's Digest) ;

- *Construire et rénover votre maison de A à Z* (Quebecor).

Voir venir les problèmes

Vos talents manuels ne sont qu'une des conditions indispensables à la réussite des travaux de rénovation. Il ne suffit pas en effet de savoir tailler des feuilles de contreplaqué pour mener à bien votre projet. Il faut aussi savoir planifier son échéancier et organiser avec la plus grande précision toutes les étapes.

Les erreurs à ce sujet sont innombrables. À titre d'exemple, on a déjà vu un autoconstructeur couler ses fondations sans avoir prévu l'ouverture au bas des murs pour l'arrivée du conduit d'aqueduc.

Les erreurs sont tout aussi coûteuses lorsque le propriétaire néglige d'assurer la présence des corps de métiers selon leur ordre normal d'arrivée. À ce chapitre, il ne faut pas planifier «trop serré» en s'attendant à ce que les travailleurs arrivent sur le chantier à l'heure et au jour prévus. Ne réglez donc pas le moment de l'arrivée du tireur de joints si vous n'êtes pas certain du jour où seront fermés tous les murs au placoplâtre.

Il faut aussi planifier l'achat de ses matériaux en s'assurant qu'ils seront disponibles au moment où on en aura besoin. Les fenêtres neuves doivent notamment être posées peu de temps après leur arrivée sur le chantier. À défaut de quoi on devra les remiser à l'extérieur où il est difficile de les soustraire au vol et au vandalisme. À l'inverse, les fenêtres doivent absolument être livrées à temps puisqu'il faut fermer toutes les ouvertures avant de procéder à l'isolation des murs et à la pose du placoplâtre. La présence des fenêtres empêche aussi la détérioration des matériaux intérieurs lorsqu'il pleut ou il neige.

On dénombre des dizaines d'étapes de réalisation des travaux majeurs. Le propriétaire peut en prendre connaissance en consultant un des ouvrages mentionnés précédemment ou en faisant appel aux services d'installation des grands centres de rénovation. On peut compléter ses connaissances en s'inscrivant à un cours sur l'autoconstruction donné par les services d'éducation continue de certains collèges techniques, cégeps et universités.

«As-tu bientôt fini, Minou?»

N'entreprenez pas seul des travaux de rénovation si vous n'avez pas le temps qu'exige un tel projet. Malheureusement, trop de propriétaires sous-estiment le nombre de jours, voire de semaines et de mois, qu'il faut consacrer à un projet. De telle sorte qu'ils doivent inévitablement faire appel à un professionnel pour compléter les travaux, professionnel qui, soit dit en passant, n'apprécie pas habituellement avoir à corriger les erreurs commises par des amateurs.

À cet inconvénient s'ajoute la difficulté d'entretenir une saine relation avec son conjoint lorsque les travaux s'éternisent et irritent tous les membres de la famille. Il n'est donc pas exagéré de dire que les travaux de rénovation majeurs provoquent souvent l'éclatement des couples.

Mise à part la satisfaction personnelle, c'est avant tout la volonté de réaliser des économies qui incite les amateurs à entreprendre seuls des travaux de rénovation. Cet objectif s'avère par contre illusoire si le propriétaire doit sacrifier des heures plus rentables de son travail normal. L'avocat, le dentiste, l'expert-comptable et même le journaliste pigiste trouveront plus profitable de travailler à leur taux horaire habituel que d'effectuer eux-mêmes des travaux manuels qui pourraient autrement être réalisés avec plus grand soin par un professionnel qui exige une rémunération horaire moins élevée.

Surprise, surprise!

Les rénovations effectuées à l'intérieur d'une maison qui n'est pas de construction récente provoquent souvent une cascade de travaux imprévus et, forcément, un dépassement inévitable des coûts.

L'amateur dépourvu d'expérience néglige fréquemment d'évaluer l'état de sa propriété avant de procéder aux travaux. Le déplacement d'une cloison, la réfection d'un plancher ou le rajeunissement du sous-sol peut révéler un mur en très mauvais état, le pourrissement des solives ou la découverte d'une fissure importante aux fondations. Les travaux de rénovation importants vous réservent plus souvent qu'autrement de telles surprises, coûteuses à corriger.

Les dix règles d'or de la rénovation

1. Ne sous-estimez jamais la complexité des travaux.
2. Assurez-vous de posséder un minimum de connaissances techniques.
3. Sachez planifier toutes les étapes de réalisation.

4. Estimez de façon réaliste le temps dont vous disposez.

5. Ne négligez surtout pas votre relation de couple et votre vie sociale.

6. Évitez les raccourcis qui ne font que déprécier la propriété.

7. Une fois réalisés, les travaux doivent revêtir un cachet professionnel.

8. Consultez un professionnel *avant* de commettre des erreurs coûteuses.

9. Consacrez votre temps à l'activité la plus rentable : travail habituel ou rénovation.

10. Confiez à un professionnel les tâches qui excèdent vos compétences.

Les frais indirects des rénovations majeures

Les rénovations majeures impliquent de nombreux coûts à assumer. Certains sont apparents alors que d'autres ont la fâcheuse tendance de vous prendre par surprise. Ces derniers sont, pour la plupart, des frais indirects dont la nature et l'importance ne sont pas toujours notées au moment de la conception et de la planification du projet. Ces frais peuvent néanmoins s'élever à quelques milliers de dollars.

Un petit plan pour vous éclairer ?

On n'entame pas des travaux majeurs sans tout d'abord procéder à l'élaboration de plans détaillés. C'est là une condition essentielle à l'obtention de soumissions précises et réalistes. Comment, en effet, l'entrepreneur sollicité peut-il vous fournir une estimation réaliste s'il ne dispose pas de plans lui indiquant la nature et l'étendue réelle des travaux à effectuer ? En outre, le plan protège le client, puisque l'exécution du projet se fait toujours en fonction de ce document.

Le plan peut être rédigé par un architecte, par un designer ou par un technologue. Notons qu'il existe toujours une dispute juridique entre les architectes et les technologues sur les champs d'intervention de l'un et de l'autre. Le consommateur n'a pas, pour le moment, à se préoccuper de ce litige et a tout le loisir de choisir son intervenant comme bon lui semble.

Les coûts de rédaction d'un plan varient essentiellement en fonction de la complexité des travaux et du degré d'intervention demandé au professionnel qui le conçoit. Le client peut en effet solliciter l'expertise du designer, de l'architecte ou du technologue au moment de l'exécution des travaux pour en vérifier la qualité, pour veiller aux déboursés et même pour participer à la gestion du chantier.

Le plan peut coûter aussi peu que 500 $ dans les cas les plus simples et jusqu'à plusieurs milliers de dollars dans les cas plus complexes où la maison est refaite de fond en comble. Idéalement, le client doit demander au moins sept exemplaires du plan: deux à remettre à la municipalité au moment de la demande de permis, un à chacun des trois entrepreneurs appelés à soumissionner, un pour le client et un dernier pour le créancier hypothécaire qui assure le financement du projet.

Le permis de construction

L'obtention du permis de construction constitue une des dépenses indirectes les moins coûteuses mais aussi des plus importantes. En règle générale, les municipalités établissent le coût des permis en fonction de la valeur estimée des travaux. On peut, par exemple, facturer un forfait de départ de 15 $ auquel on ajoute 1 $ par tranche de 1000 $ de travaux. Un projet dont le coût estimé est de 42 000 $ obligerait le propriétaire à débourser 57 $.

Contrairement à la croyance générale, l'obligation d'obtenir un permis avant de commencer les travaux n'est pas reliée à la volonté de la ville d'augmenter à tout prix votre compte d'impôts fonciers. Il s'agit avant tout d'exercer, par le biais de l'octroi des permis, un certain contrôle sur la qualité de la construction et de la rénovation effectuées sur le territoire de la ville.

Sans demande de permis, la ville ignore que des travaux se déroulent à tel ou tel endroit. Elle serait donc dans l'impossibilité de s'assurer que la construction ou la rénovation se déroule selon les codes et les règlements en vigueur.

Les frais de financement

Les plus fortunés d'entre vous peuvent peut-être financer à même leurs épargnes des travaux de 30 000 $, 50 000 $, voire 75 000 $, sans avoir recours à leur banquier. Par contre, la majorité des propriétaires font appel à une forme ou à une autre de financement pour mener à bien leur projet : prêt personnel, marge de crédit, refinancement hypothécaire.

C'est toutefois lorsqu'il s'agit de modifier le contrat hypothécaire en vigueur que les frais indirects reliés au financement sont les plus élevés. La personne dont le contrat hypothécaire vient à échéance dans un, deux ou même trois ans, doit donc rouvrir son hypothèque pour y ajouter les sommes nécessaires aux travaux. En agissant ainsi, elle se verra facturer des pénalités égales à trois mois de paiements mensuels ou au différentiel des intérêts que le prêteur se trouvera alors à perdre en renégociant l'entente. La pénalité représente le montant le plus élevé des deux méthodes précédentes.

À titre d'exemple, si les trois mois de paiements représentent 1700 $ alors que le différentiel des intérêts s'élève à 2600 $, c'est ce dernier montant qui sera réclamé de l'emprunteur. Cette somme peut être versée en espèces au moment de la réouverture du contrat ou être intégrée aux conditions de la nouvelle entente par le biais d'un taux d'intérêt pondéré.

Supposons que le taux d'intérêt de votre hypothèque actuelle est de 10 % alors que le taux courant du marché est de 8 %. Plutôt que de vous consentir un prêt à 8 %, le prêteur calculera le montant de votre pénalité et ajustera ou pondérera le taux d'intérêt en conséquence. Le taux pondéré se situera donc, après de savants calculs, quelque part entre 8 % et 10 %. Dans ce cas, le client n'a pas à verser de pénalités en espèces au moment du renouvellement. Il doit par contre accepter un taux d'intérêt légèrement supérieur à celui du marché.

Ne pas oublier le notaire

Seul le notaire, de par la loi, a le droit de rédiger un acte hypo-thécaire. Si vous procédez à un refinancement de votre hypo-thèque, il faut faire rédiger un nouvel acte, d'où l'obligation de verser quelques centaines de dollars en frais professionnels.

Il n'existe plus d'échelle de tarifs minimums pour les services d'un notaire. Celui-ci est en droit de demander un tarif à sa convenance sans se référer à une quelconque échelle impo-sée par la Chambre des notaires. Il n'est donc pas étonnant de constater que les honoraires peuvent varier d'un professionnel à un autre pour la rédaction d'un même acte.

Un nouveau certificat de localisation

Si vous financez vos travaux majeurs par le biais d'une majora-tion hypothécaire, le créancier pourrait vous demander la rédac-tion d'un nouveau certificat de localisation, histoire de s'assurer de la nature des transformations ayant été apportées à la pro-priété depuis son acquisition.

Il faut compter dépenser de 400 $ à 600 $ pour un nouveau certificat. Le client peut parfois en être dispensé lorsqu'il réussit à prouver que la propriété n'a fait l'objet d'aucune modification depuis la signature du dernier acte hypothécaire.

Un peu d'aménagement paysager

Les travaux majeurs ont souvent comme conséquence de détruire en partie l'aménagement paysager. Le creusage de fondations occasionne inévitablement la disparition de tourbe, de fleurs et d'arbustes. Une nouvelle façade peut aussi exiger un rajeunissement ou un embellissement de l'aménagement. Ces modifications peuvent aisément dépasser les 1000 $ si vous les confiez à un professionnel.

La décoration intérieure

Qu'on le veuille ou non, la tentation est grande, une fois les travaux terminés, d'agencer les anciennes pièces avec celles qui viennent d'être rénovées. On voudra ici remplacer la moquette et là, les canapés. Sans compter les nouvelles tentures et le papier peint défraîchi qui détonnent avec le mur des nouvelles pièces. À cela s'ajoutent les frais associés à l'aménagement des nouveaux lieux: chambre à coucher, bureau ou salon.

***

Voici, en résumé, les frais à prévoir:

- le plan des travaux;
- le permis de construction;
- les frais de notaire;
- les pénalités de refinancement;
- le certificat de localisation;
- l'aménagement paysager;
- la décoration intérieure.

L'agrandissement : les solutions les plus rentables

Le besoin d'espace accru constitue la raison la plus souvent invoquée pour justifier la vente d'une propriété et l'achat d'une nouvelle. Il est donc normal que les propriétaires cherchent à agrandir leur maison s'ils y sont très attachés et qu'ils préfèrent demeurer dans le même quartier. Avant d'opter pour l'une ou l'autre des nombreuses options offertes, le propriétaire doit tenir compte de la polyvalence de la future pièce ainsi que de l'ajout à la valeur marchande de sa propriété qui en découle.

Les contraintes

Si vous vivez dans une maison en rangée, les possibilités d'agrandissement sont forcément moindres que si votre propriété est de type unifamilial située sur un très grand terrain.

L'ajout d'espace doit alors se faire par l'arrière ou en procédant à la finition du sous-sol. Dans certains cas, la présence d'un grenier non aménagé offre une solution attrayante lorsque toutes les autres avenues s'avèrent irréalisables.

Aux contraintes purement physiques s'ajoutent celles dictées par la municipalité. Celle-ci peut en effet limiter l'espace au sol du bâtiment. Il n'est donc pas question d'agrandir jusqu'aux limites du terrain. Il faut alors se conformer aux limites minimales des marges de recul, des marges latérales et du dégagement vers la ligne arrière du terrain. La division «Zonage et permis» des municipalités peut vous indiquer la nature des conditions à respecter à cet égard.

Pour mettre en évidence les forces et les faiblesses de toutes les possibilités d'agrandissement, je fais l'hypothèse raisonnable que le propriétaire de mon exemple vit dans une maison unifamiliale de type bungalow érigée sur un terrain de 8000 pieds carrés.

Le moins cher et le moins rentable

Le besoin d'un espace habitable accru peut facilement, et à coût abordable, être comblé par la finition du sous-sol, en supposant évidemment que cet espace est toujours libre.

Les coûts d'aménagement de cette pièce au pied carré ne sont pas les mêmes d'une propriété à une autre. La présence d'une fournaise aux conduits tentaculaires en plein centre du sous-sol limite la disposition des nouvelles pièces et restreint le dégagement au-dessus des têtes.

L'état et le degré de dénivellement du plancher définissent, quant à eux, le montant à investir pour sa mise à niveau. Une vieille maison dont une partie du plancher est en terre exige la mise en place d'un coupe-vapeur et le coulage d'une dalle de ciment.

Même en supposant que le sous-sol à finir est celui d'une maison neuve, cet espace ne présente pas que des avantages. Souvent déficient sur le plan de la luminosité naturelle, il s'avère mal adapté à l'aménagement d'un bureau qui sera occupé toute la journée. L'absence de lumière naturelle joue en effet sur le moral des gens et peut même entraîner un état dépressif peu propice à l'atteinte de la productivité essentielle en affaires.

L'accès au sous-sol se faisant souvent par une seule entrée, la pièce est habituellement difficile à aérer, d'où l'apparition de problèmes reliés à une humidité excessive. Cette situation oblige l'installation d'un échangeur d'air ou d'un échangeur de chaleur débouchant sur tous les paliers de la maison. Cette dépense varie de 1000 $ à 2000 $.

Les murs et les planchers du sous-sol étant déjà en place, il ne reste plus qu'à isoler les murs, à ériger les cloisons et à installer un faux-plancher lorsque le sol accuse un trop grand dénivellement ou lorsque vous souhaitez le confort maximum.

À défaut de faux-plancher, la pose d'une moquette avec sous-tapis résistant à l'humidité offre une solution plus que valable.

Les coûts augmentent de façon radicale lorsque vous décidez d'y installer une salle de bains ou une salle d'eau. Il faut compter dépenser de 45 $ à 80 $ le pied carré pour l'aménagement du sous-sol. Cependant, n'entretenez aucune illusion quant à la rentabilité du projet, puisque les acheteurs éventuels se montrent peu disposés à payer une prime pour hériter d'une maison avec un sous-sol bien aménagé.

La rallonge au sol

La construction d'une rallonge au sol est la solution la plus coûteuse mais qui, en contrepartie, offre le plus de polyvalence. Selon son emplacement, elle peut en effet servir de bureau, de chambre à coucher, de salon, de salle familiale, de salle à manger ou même de salle de bains.

Le coût plus élevé de la rallonge au sol tient à l'obligation de couler des fondations. À moins, bien sûr, que votre municipalité n'autorise des constructions sur dalles ou sur colonnes de béton.

Le coût d'une rallonge varie de 65 $ à 100 $ le pied carré, selon la facilité d'accès de la machinerie et la superficie de la nouvelle pièce. Une petite pièce de 10 pieds sur 10 pieds coûte en effet proportionnellement plus cher au pied carré qu'une rallonge de 14 pieds sur 20 pieds.

Étant donné sa polyvalence et la modification qu'elle apporte à l'allure extérieure de la maison, la rallonge au sol est l'option d'agrandissement qui s'avère une des plus rentables.

La rallonge à l'étage

Un ajout à l'étage ne nécessite pas le creusage de fondations, mais il peut occasionner des déboursés considérables s'il est fait en façade. Vous devrez alors adapter l'allure de la devanture du rez-de-chaussée à celle plus nouvelle de l'ajout à l'étage. Celui-ci offre l'avantage de ne pas trop déranger les occupants de la maison, puisqu'une bonne partie du travail se fait de l'extérieur.

Si vous êtes propriétaire d'un bungalow, l'ajout d'un étage complet au-dessus du rez-de-chaussée permet l'agrandissement maximum des lieux sans accroître la superficie du bâtiment au sol. En ajoutant un étage à une telle propriété, vous vous trouvez en fait à doubler la superficie habitable des lieux.

Compte tenu des surfaces en jeu, le coût total d'un tel projet est considérable : de 125 $ à 150 $ le pied carré.

Se débarrasser du garage

Transformer le garage en pièce habitable offre un compromis intéressant, puisque la pièce se trouve la plupart du temps au rez-de-chaussée et que la structure est déjà en place. Il ne reste plus qu'à installer un plancher, à isoler les murs et à remplacer la porte de garage par une façade conventionnelle. Le coût de transformation d'un garage simple varie de 10 000 $ à 15 000 $ selon la nature et la qualité des matériaux utilisés. Cela exclut toutefois la présence d'une salle de bains ou d'autres éléments de plomberie.

Tout le monde aime les solariums

Les solariums sont particulièrement populaires auprès des couples ayant liquidé une bonne partie de leur hypothèque et souhaitant demeurer dans leur maison plutôt que de déménager. Vu son prix et sa conception, le solarium est à juste titre perçu comme un produit de luxe servant dans la plupart des cas de salle à manger ou de séjour.

Cette pièce n'offre pas la même polyvalence qu'une rallonge traditionnelle, puisque la grande surface vitrée ne la rend pas appropriée à l'aménagement d'une chambre à coucher ou d'un bureau. De plus, les périodes d'ensoleillement vous contraignent à installer idéalement le solarium à 15° en direction sud-est afin de profiter au maximum de la clarté.

Vous paierez une fortune en chauffage et en pertes énergétiques si vous optez pour une installation du côté nord de la propriété où les vents sont plus forts et où le soleil est plus souvent absent.

Qu'importe son orientation, le solarium doit être isolé des autres pièces de la maison par des portes de façon à éviter des fuites de chaleur par les surfaces vitrées qui offrent peu de résistance thermique lorsqu'elles sont comparées à un mur conventionnel: R-4 contre R-20.

Le solarium de dimensions réduites, soit 10 pieds sur 12 pieds, coûte de 18 000 $ à 25 000 $ selon les accessoires, le nombre de fenêtres articulées et la présence ou non de stores incorporés au bâti. Ce prix exclut le coût des fondations de béton devant soutenir le solarium.

Les dix questions les plus fréquentes sur les solariums

1 Pour quelles raisons installe-t-on un solarium?

L'ajout d'un solarium constitue une solution de rechange intéressante par rapport à l'achat d'une propriété plus récente et plus coûteuse. Il existe en effet de nombreux couples qui, après avoir vécu plusieurs années dans la même maison, songent à emménager dans une construction plus récente et plus moderne. Toutefois, l'achat d'un solarium coûte beaucoup moins cher que les frais reliés à un déménagement.

2 Quel usage fait-on habituellement du solarium?

Un solarium est en fait une pièce constituée de vitres fixées à l'intérieur d'une structure d'aluminium, de PVC ou de bois. On s'en sert avant tout comme salle à manger ou pièce de séjour.

3 Quelles sont les couleurs et les formes disponibles?

Les couleurs les plus courantes sont le blanc, le beige, le vert et le brun. Certains fabricants peuvent émailler la structure à la couleur de votre choix en vous facturant le produit en conséquence.

Les solariums ont longtemps eu la même forme, soit trois côtés avec un toit à arêtes ou un toit courbé. Aujourd'hui s'ajoutent les modèles d'inspiration victorienne, extrêmement prisés des propriétaires de maisons d'un certain âge.

4 Est-ce que le vitrage est comme celui des portes-fenêtres?

L'acheteur a un grand choix lorsqu'il s'agit de déterminer le type de vitrage à incorporer à la structure. Il existe du vitrage double, triple, à miroir, énergétique, trempé et laminé. Il y a même un fabricant qui construit tous ses solariums avec des stores vénitiens incorporés.

5 Est-ce que je dois me préoccuper des pertes énergétiques?

Qu'importe la qualité et le type de vitrage, il ne faut toutefois pas espérer atteindre un coefficient de résistance thermique équivalent à celui d'un mur conventionnel isolé (R-20). La vitre, peu importe son épaisseur, demeure de la vitre et possède rarement un coefficient de résistance supérieur à R-10.

6 Combien est-ce que ça coûte?

Le prix du solarium est établi en fonction de la surface du vitrage, du matériau, de son style, de sa finition et de la présence de panneaux articulés. À cela s'ajoute le coût des accessoires ou des caractéristiques spéciales: portes, fenêtres, fini, courbure, stores incorporés, etc. En bout de ligne, l'ajout d'un solarium de qualité exige des déboursés très souvent supérieurs à 30 000 $.

7 Est-ce rentable?

Le prix ne constitue pas la contrainte principale des acheteurs. Bon nombre d'entre eux ont déjà amorti leur hypothèque et disposent ainsi d'une certaine latitude relativement au financement de leur achat. À cela se greffe le fait que l'achat d'un solarium est souvent fondé sur un coup de foudre.

8 Est-ce le solarium doit reposer sur des fondations?

Il est hors de question d'installer un solarium sur une base de bois. Vous devez donc opter pour des fondations ou des colonnes de béton selon ce que permet la réglementation municipale.

9 Qui creuse les fondations?

Certains marchands offrent la gamme complète de services. D'autres vous donnent les noms d'entrepreneurs spécialisés qui s'occupent des fondations, du revêtement, de l'électricité et de la plomberie.

10 Vers quelle direction oriente-t-on le solarium?

La pièce doit idéalement être orientée à 15° en direction sud-est afin de profiter au maximum des périodes d'ensoleillement. Il n'est pas toujours possible de profiter d'une telle orientation. On peut obtenir une efficacité raisonnable avec une orientation variant entre 30° en direction sud-est et 15° en direction sud-ouest, à la condition que le vitrage ne soit pas trop ombragé.

Dix questions
sur les caves à vin

1 Que dois-je décider en tout premier lieu?

Il y a deux types de caves à vin : celle que l'on aménage pour faire plaisir à soi et celle que l'on aménage pour faire plaisir aux autres. La cave à vin aménagée pour soi est celle qui coûte le moins cher, car elle est habituellement dépourvue de tous les artifices.

2 Quel est le meilleur endroit pour l'installer?

Le vin est un produit fragile. Il faut donc l'entreposer dans un endroit frais, exempt d'odeurs et à l'abri de la lumière violente. Il faut aussi éviter les endroits où les cases à remiser les bouteilles sont en contact avec des vibrations qui peuvent nuire au processus de vieillissement : escaliers, salle à fournaise, mur de la thermopompe, etc.

3 Est-ce que je peux entreposer mon vin dans la chambre froide que j'ai déjà aménagée?

Non. Le vin se conserve à une température d'environ 50 °F, quoique le produit puisse tolérer certaines petites variations, à la condition qu'elles ne soient pas trop brusques.

N'allez surtout pas entreposer vos belles bouteilles à l'intérieur de la chambre froide où vous mettez vos légumes et confitures. La température y est nettement trop basse et, de plus, l'odeur des légumes et autres produits peut s'infiltrer à l'intérieur des bouteilles par leur bouchon. Il ne faudrait surtout pas que votre magnifique Château Pétrus goûte la pomme de terre!

4 **Dans quel endroit est-ce que la plupart des gens décident d'aménager leur cave?**

C'est au sous-sol, du côté nord, que s'installent la plupart des caves à vin. En admettant, bien sûr, que l'endroit choisi soit libre de toute odeur d'huile, d'essence et de bran de scie.

5 **Est-ce que l'aménagement nécessite d'importants travaux?**

La construction de la cave se résume à la mise en place de feuilles de placoplâtre recouvrant un isolant en matelas. L'éclairage de la pièce est assuré non pas par des lumières au néon, mais plutôt par des ampoules de 25 watts qui n'endommagent pas le vin.

6 **De quelle façon doit-on disposer les bouteilles?**

La façon la moins coûteuse de disposer les bouteilles consiste à les entreposer à l'intérieur de drains de ciment ou d'un treillis métallique conçu expressément pour cet usage.

7 **La pièce doit-elle être grande?**

À titre de repère, sachez qu'une pièce de 8 pieds sur 10 pieds peut facilement contenir 1000 bouteilles. Les plus grandes caves privées du Québec en contiennent, quant à elles, plus de 50 000. L'aménagement d'une cave à vin coûte aussi peu que 500 $ de matériaux et le cachet que cette pièce donne à votre propriété la rend plus sympathique aux yeux des acheteurs.

8 **Je vis à logement, est-ce que je peux quand même avoir une cave à vin?**

Oui. Vous pouvez aménager une garde-robe ou, encore mieux, vous procurer une «cave d'appartement» déguisée en meuble qui peut être logé dans la salle à manger ou le salon.

9 **Combien coûte un tel meuble?**

Les plus petits coûtent de 300 $ à 500 $ alors que les plus beaux et les plus imposants sont offerts à des prix pouvant atteindre 3000 $.

10 **Ma sœur a acheté un support à bouteilles qu'elle a placé sur le dessus du réfrigérateur. Est-ce une bonne idée pour quelqu'un qui n'a pas le budget nécessaire pour aménager une vraie cave?**

Pas vraiment! Les vibrations et, surtout, la chaleur émanant du réfrigérateur vont trop rapidement endommager la qualité du vin.

L'acoustique de votre cinéma maison en dix questions

1 **La qualité sonore du cinéma maison chez l'un de mes amis est supérieure à ce que j'ai chez moi. Pourtant, nos deux systèmes sont identiques. Qu'est-ce qui se passe?**

L'effet sonore que procurent deux ensembles identiques de cinéma maison peut varier de façon significative selon les caractéristiques de la pièce ou de la résidence dans laquelle ils sont installés. C'est peut-être ce qui explique que votre ami est ravi de son achat alors que vous, vous le déplorez déjà.

2 **Qu'est-ce qui influence la qualité sonore d'une maison à l'autre?**

Ce sont avant tout les matériaux contenus dans la pièce d'écoute qui donnent une «couleur» plus ou moins agréable au son que vous entendez.

3 **De quelle façon est-ce que cela affecte le son?**

Ce qui sort des haut-parleurs peut créer un effet d'écho, de réverbération, de manque de clarté ou de délai de déplacement d'une boîte à l'autre. Dans le but d'éviter ces désagréments, il est fortement suggéré d'équiper votre salle d'écoute de composantes acoustiques.

4 **Combien de types de sons peut-il y avoir dans une pièce?**

Le son est soumis à l'intérieur d'une pièce à trois effets bien distincts. Un mur parfaitement lisse et étanche, tel un mur de béton au sous-sol, n'absorbe aucune partie de la vague de sons qui le frappent. Il y a donc un effet qualifié de réflexion du son qui provoque une suite de réverbérations déplaisantes. Vient ensuite l'effet d'absorption d'une surface qui éteint une bonne partie du son qui la frappe. Une petite partie du son est alors réfléchie à l'intérieur de la pièce. L'effet dit de diffusion est, quant à lui, provoqué par un son qui rebondit sur une surface pour être ensuite diffusé en plusieurs directions à l'intérieur de la pièce. Le son n'est pas absorbé par le matériau recouvrant le mur ou le plafond, mais il est plutôt hachuré en plus petits morceaux et distribué au travers de la pièce.

5 **J'aime bien l'effet d'absorption. Quels matériaux peuvent créer cet effet?**

Les panneaux acoustiques que l'on trouve dans les tours à bureaux sont du type absorption et servent à étouffer les sons entre les différentes aires de travail. Les tentures, les divans et les fauteuils créent le même effet, à divers degrés, que les panneaux acoustiques de bureau.

6 **Idéalement, quel effet doit-on rechercher?**

Idéalement, toutes les surfaces d'une pièce – plancher, murs et plafond – devraient réfléchir le son de façon égale. Évidemment, elles ne le font pas puisque le plancher de bois franc ne possède pas les mêmes propriétés acoustiques que le placo-plâtre et la vitre des fenêtres.

7 Le cinéma maison de mon ami est installé dans le salon alors que le mien est au sous-sol. Est-ce assez pour expliquer les différences de sonorité?

Évidemment. Il n'est pas étonnant que la sonorité d'un cinéma maison installé dans une pièce avec un plafond haut et un plancher de bois franc soit bien différente de ce que vous obtiendrez si les mêmes composantes étaient installées dans une pièce munie de moquette et de lourdes tentures. Le premier effet sera, par exemple, beaucoup plus vivant que le second, où le son sera plus sourd et moins dynamique.

8 Comment créer l'équilibre dont vous parlez?

Une des façons les plus simples de créer un équilibre sonore à l'intérieur d'une pièce est d'y installer des panneaux absorbants. Plusieurs compagnies offrent de tels produits qui peuvent, dans certains cas, être fixés au murs avec de simples attaches de type velcro ou avec du ruban à double surface adhésive. Ces panneaux possèdent la propriété d'absorber les premières vagues de sons réfléchies, principales responsables d'une mauvaise qualité d'écoute.

9 Le son serait-il meilleur si je recouvrais tous mes murs de panneaux acoustiques?

Non! Dans les faits, les panneaux ne doivent pas accaparer plus de 25 % à 35 % de la surface des murs latéraux situés entre les haut-parleurs et le fauteuil d'écoute.

10 Est-il utile de recouvrir les coins de panneaux?

Les adeptes de son de première qualité ne négligeront pas non plus les coins de la pièce, là où les fréquences peuvent parfois créer des effets de distorsion dérangeants. Il s'agit alors d'y installer des panneaux sur pied ou de fixer un panneau de façon à casser le coin et à aplanir l'angle. La sonorité peut aussi être améliorée en installant des panneaux sur le mur arrière du système. Plutôt que d'être absorbants, ils diffuseront le son vers l'intérieur de la pièce.

L'INVESTISSEMENT

Rénover pour revendre : pas n'importe où !

La grande quantité de propriétés en bon état présentement offertes sur le marché, conjuguée à la détérioration de plusieurs quartiers de la ville, rend plus difficile la réalisation de profits pour ceux qui projettent rénover dans le but précis de revendre rapidement. Cependant, la personne qui prend le temps de bien choisir la propriété à rénover peut toujours trouver l'entreprise profitable dans la mesure où elle ne rêve pas à des gains aussi impressionnants que ceux réalisés lors de la frénésie immobilière des années 1980.

L'ancienne recette

Il y a quelques années, n'importe qui pouvait rénover n'importe quoi, n'importe où, sans éprouver la moindre difficulté à trouver un acheteur une fois les travaux terminés.

Si cette période fut faste pour les spéculateurs, ses résultats n'ont pas toujours été profitables aux acquéreurs qui, dans bien des cas, se sont retrouvés avec des propriétés mal rénovées, situées dans des secteurs qui ont depuis connu peu ou aucune croissance. Dans certains cas, les quartiers ont, au contraire, subi une détérioration évidente qui est venue annuler, voire éliminer, toute possibilité d'appréciation des propriétés qui y sont situées.

Un potentiel toujours intéressant

On dénombre toujours plus de 30 000 propriétés à vendre dans la région de Montréal. Vu ce choix étonnant, les acheteurs privilégient les résidences qui sont déjà en bon état. L'âge et les disponibilités des acheteurs ne favorisent pas non plus les propriétaires dont la maison à vendre est un peu délabrée ou nécessite des rénovations évidentes. Il existe encore, de ce côté, un bassin potentiel de propriétés à améliorer et à revendre.

Les propriétés carrément délabrées, sur le bord de l'affaissement, sont cependant moins nombreuses que dans les années passées, puisque de nombreux quartiers se sont depuis embourgeoisés.

En fait, il faut se rappeler que près de 20 % des immeubles des régions montréalaise et québécoise furent construits au cours de la dernière décennie et que la moitié a moins de 25 ans d'âge.

Néanmoins, Statistique Canada estime que 7 % du parc immobilier total de ces deux villes nécessite des réparations majeures. Ce chiffre exclut les propriétés qui, tout en étant aisément habitables, bénéficieraient d'améliorations des cuisines, des salles de bains, du système électrique et de la plomberie.

Où rénover?

La demande pour les propriétés, qu'importe l'état du marché, est toujours plus forte dans les quartiers bien établis, ayant une gamme complète de services. Et ce sont justement dans ces secteurs que l'on a constaté les vagues les plus intensives de rénovations au cours des années. Il faut donc consacrer plus de temps à dénicher la propriété qui demande des améliorations et qui, une fois rénovée, peut être revendue à bon prix.

À défaut de trouver une maison dans les quartiers établis, il faut se tourner vers les secteurs en transformation. Le risque est plus grand, puisque l'évolution du secteur demeure une inconnue et que la criminalité et la fuite des commerces peuvent anéantir votre investissement et vos efforts.

Heureusement, dans la seule région montréalaise, il existe encore des secteurs où la revalorisation, quoique souvent fluctuante, est néanmoins bien entamée et devrait se poursuivre : Vieux-Montréal, Vieux-Longueuil, Vieux-Sainte-Rose, et les abords du canal Lachine.

D'autres secteurs, qui ont déjà suscité l'intérêt des rénovateurs, ont vu leur étoile pâlir depuis l'apparition de la criminalité. En effet, les nombreuses piqueries et la multiplication de gangs de rues ont vite fait fuir les acheteurs, alors que plusieurs de ces quartiers faisaient auparavant l'envie de la classe moyenne et aisée de la ville. On n'a qu'à penser à Notre-Dame-de-Grâces, à Snowdon et à Cartierville.

Cela ne signifie pas qu'il faille tirer un trait sur ces secteurs et les laisser aux mains des criminels. Cependant, les investisseurs n'y remettront les pieds que lorsque les autorités municipales les auront convaincus qu'ils sont épaulés par des interventions et des programmes de revitalisation efficaces et bien conçus.

D'autres quartiers ont vu leur revitalisation freinée par la fermeture d'entreprises. La rénovation, la construction et la restauration d'immeubles y est, pour le moment, au ralenti. Vu le stock important de propriétés à vendre dans les secteurs déjà matures, la reprise dans les anciens quartiers industriels se manifestera tout probablement plus tard qu'ailleurs.

C'est pourtant dans ces secteurs de la ville que les perspectives à long terme sont les plus intéressantes pour la personne qui songe à rénover et à revendre : Pointe-Saint-Charles, une partie de la Petite-Bourgogne, les anciens terrains du CN ainsi que l'ensemble de l'arrondissement Ville-Marie.

Les facteurs d'appréciation

Il n'est pas facile pour le profane d'établir les secteurs en croissance ou en perte de vitesse. Chose certaine, avant de déposer
une offre d'achat, il vaut mieux vérifier les points suivants :

- Le quartier attire-t-il des ménages ou, au contraire, la population semble-t-elle quitter le secteur?

- Quelle est la nature de la criminalité du quartier? S'agit-il
  de simples cambriolages ou est-ce plutôt les crimes avec violence qui priment?

- Le secteur est-il la cible des trafiquants qui occupent des
  piqueries? Une visite au poste de police du secteur vous
  mettra rapidement au parfum de ce qui se passe.

- Quel est le profil des locataires et des propriétaires?

- Les résidants entretiennent-ils leurs propriétés avec soin?

- Le secteur attire-t-il de nouveaux commerces et services?

- La ville et le gouvernement provincial investissent-ils dans
  le secteur? En règle générale, les gouvernements, qui sont
  toujours bien informés, n'accordent pas la priorité de service aux secteurs dont la population diminue.

- Les gros constructeurs sont-ils présents dans le quartier?
  La restauration d'anciens immeubles industriels et commerciaux par de grands promoteurs et la mise en chantier de
  nouveaux ensembles résidentiels constituent une garantie
  de la mise en marché du secteur auprès d'une nouvelle clientèle. Il s'avérera donc plus facile de trouver un acquéreur
  pour la propriété que vous aurez rénovée.

Travaux et rentabilité

La rentabilité de votre projet de rénovation dans le but de revendre rapidement ne tient surtout pas qu'au seul prix que vous
réussirez à obtenir pour la propriété.

C'est plutôt le prix que vous aurez payé l'immeuble, son état au moment de l'achat ainsi que la nature des travaux effectués qui s'avèrent les principaux éléments de la rentabilité. Si, au départ, vous payez l'immeuble trop cher, il sera en effet difficile de rentabiliser vos efforts. Il vaut donc mieux s'assurer de la valeur marchande réelle pour la propriété délabrée, pour qui d'ailleurs il existe habituellement moins de comparables que pour l'immeuble en bon état.

Idéalement, l'immeuble à rénover possédera une structure solide et une occupation au sol suffisamment grande pour permettre une utilisation optimale de l'espace disponible.

Acheter une maison unifamiliale pour louer

L'achat d'une maison unifamiliale dans le but de la louer n'est habituellement pas la chose la plus rentable à faire en temps normal.

Mais voilà, le contexte est fort différent qu'en 1987, par exemple, au moment où le marché était très fébrile. Aujourd'hui, la possibilité de dénicher une maison unifamiliale à prix d'aubaine est plus grande qu'il y a quelques années. C'est là d'ailleurs la clé de la rentabilité de votre projet, puisque la seule façon de rendre une telle initiative intéressante exige un coût d'achat inférieur au prix normal du marché.

Pourquoi la maison unifamiliale?

Il y a des centaines de propriétés multifamiliales à vendre sur le marché. Pourquoi alors orienter ses recherches vers la maison unifamiliale à offrir en location? Parce que celle-ci coûte habituellement moins cher que la plus petite propriété à revenus, qu'il s'agisse d'un duplex, d'un triplex ou même d'un quadruplex.

Les exigences en capital sont donc moins grandes. L'achat d'une maison unifamiliale de 125 000 $ vous oblige à verser 31 250 $ sous forme de capital. Rappelons que l'achat de n'importe quel type de propriété à revenus ne sera probablement pas financé par les institutions à plus de 75 % de son prix. L'achat d'un duplex de 300 000 $ impose un apport en capital de 75 000 $ et le triplex ou le quadruplex à 400 000$, un apport de 10 000 $.

On associe aussi à la maison unifamiliale un bassin potentiel d'acheteurs plus important et plus fidèle que le multilogements. Dans l'hypothèse où les choses iraient mal et que votre investissement ne fournirait pas les résultats escomptés, vous pourriez toujours vous en défaire plus facilement que s'il s'agissait d'une propriété à revenus pour laquelle la demande a considérablement fléchi au cours des dernières années.

La clientèle intéressée à louer une maison plutôt qu'un logement n'est pas non plus identique à celle que l'on trouve dans les immeubles à revenus conventionnels.

La volonté de disposer d'un terrain, de profiter d'une intimité accrue et d'effectuer quelques travaux de jardinage ou de bricolage incite habituellement les locataires d'une maison à faire preuve d'un plus grand attachement aux lieux et, de ce fait, à se montrer plus respectueux de l'état des lieux. À moins de complètement faillir au moment du choix du locataire, il est plutôt rare de voir les locataires de maisons saccager les lieux au cours de leur séjour ou au moment de leur départ. Une réalité malheureusement trop fréquente dans les immeubles à revenus conventionnels.

L'achat d'une maison unifamiliale que vous offrirez en location vous permet de plus de profiter de sources de revenus intéressantes sans vous préoccuper outre mesure des besoins souvent exigeants d'un grand nombre de locataires. Vous n'aurez qu'à satisfaire un seul locataire, à réparer ou à améliorer un seul évier, une seule toiture ou une seule fournaise.

Tout n'est pas rose

L'achat d'une maison unifamiliale comporte également des risques et des désavantages évidents. Le premier tient au fait que le prix du logement «coûte cher la porte» pour reprendre une expression du milieu. Le duplex de 300 000 $ représente un coût par logement de 150 000 $ et le quadruplex de 400 000 $, un coût par logement de 100 000 $. La comparaison est importante, car elle illustre la facilité ou la difficulté relative de rentabiliser votre achat. Cela veut dire qu'il est plus facile de rentabiliser un investissement de 100 000 $ par logement que 150 000 $.

Plus cher est le prix de chaque logement, plus le loyer doit être en conséquence. Dans l'état actuel du marché, le bassin potentiel de locataires capables de verser 1000 $ ou plus pour occuper une maison est nettement plus petit que celui des locataires aux capacités budgétaires plus modestes.

Un taux d'inoccupation élevé

Il ne faut pas non plus oublier que s'il est plus facile de traiter avec un seul locataire qu'avec plusieurs, vous courez un plus grand risque financier si le locataire ne renouvelle pas son bail ou s'il déguerpit. Vous ferez alors face à un taux d'inoccupation de 100 % d'un seul coup et non pas de 25 % si le locataire occupait un quadruplex ou de 16,7 % s'il logeait dans un six logements.

L'effet d'un tel départ peut créer tout un choc sur votre budget, surtout si vous n'avez jamais prévu des provisions pour inoccupation ou, pire, si vous avez emprunté à la limite de votre capacité financière pour acheter la maison.

Une rentabilité douteuse

L'achat d'une maison unifamiliale s'avère rarement rentable si vous devez payer le plein prix du marché.

Imaginons un peu que vous désiriez acheter une maison de banlieue de gamme moyenne, en bon état, possédant trois chambres à coucher et un garage, et située sur un terrain de 5000 pieds carrés. Présentement, de telles maisons se vendent à un prix moyen oscillant aux alentours de 200 000 $.

Puisque votre but est de l'acheter pour l'offrir en location, votre banquier refusera de vous consentir un prêt assuré. Vous devrez donc fournir un apport en capital de 50 000 $ et contracter une hypothèque de 150 000 $.

En supposant un taux d'intérêt de 7 %, les paiements mensuels en capital et en intérêts seront de 1050 $. Ajoutons à cela un minimum de 250 $ par mois pour les impôts fonciers et les taxes scolaires, et c'est 1300 $ d'obligations financières mensuelles qu'il faut respecter. Des obligations que vous tenterez de refiler sous forme de loyer en exigeant des frais de location d'une somme équivalente.

En supposant que vous trouviez un locataire fiable et solvable, vous ne réaliserez pas pour autant des profits sous forme de revenus de location, à moins de dénicher la perle rare qui voudra bien payer 1500 $ pour occuper un bungalow ordinaire de banlieue. Sachez qu'à ce prix, le locataire ferait mieux de s'acheter lui aussi une maison plutôt que de louer la vôtre.

La rentabilité de votre investissement se trouve donc du côté de l'appréciation de la propriété et non des revenus de location. Toutefois, il demeure toujours difficile d'estimer la valeur marchande qu'aura votre propriété dans un, deux ou trois ans.

Plus le taux d'appréciation potentiel est élevé, plus cela devient attrayant. Ainsi, si la maison s'apprécie de 10 % par année, il s'agit d'un rendement brut de 20 000 $ après douze mois alors qu'une appréciation de 5 % accorde un rendement de seulement 10 000 $.

En tenant compte du fait que le gain, une fois encaissé, sera soumis au fisc, le rendement réel dans le premier cas serait de

12 000 $ si vous payez 40 % d'impôts et de 6000 $ dans le cas d'une appréciation de 5 %. Ces données ne tiennent cependant pas compte des frais d'entretien et d'amélioration de la propriété ni de la commission d'un agent impliqué dans la négociation de la vente.

Dans les faits, l'appréciation moyenne des propriétés unifamiliales s'est souvent établie au-dessus de 10 % depuis cinq ans, mais les choses ralentissent. Vous devez donc, au moment de vos calculs, vous reporter à un taux plus réaliste ou choisir une propriété qui possède toutes les caractéristiques qui favorisent une appréciation maximale qui excéderait le taux d'appréciation moyen.

Comment dénicher la maison ?

Si vous tenez malgré tout à acheter une maison unifamiliale dans le but de la louer, mettez alors toutes les chances de votre côté en en choisissant une qui possède à tout le moins une caractéristique qui la distingue des autres : grandeur, superficie du terrain, nombre de pièces, proximité des grandes artères, décoration, attrait du quartier, etc.

Mais rappelez-vous que la rentabilité de votre projet tient avant tout au prix que vous paierez au départ. À cet égard, les acheteurs qui ne craignent pas de mettre la main à la pâte en améliorant des propriétés défraîchies trouveront des aubaines du côté des reprises de possession bancaires ou de maisons plus anciennes n'ayant toujours pas fait l'objet de rénovations majeures. Sans compter les bons achats qui peuvent toujours être réalisés lors d'encans ou de ventes de faillite ou pour taxes impayées.

Vivre avec un chambreur : pas évident !

Offrir une chambre en location s'avère une façon efficace d'ajouter facilement à ses revenus mensuels. C'est là aussi une solution au sentiment d'isolement vécu par plusieurs personnes âgées ou retraitées. Le fait de partager les lieux avec un étranger n'est pas forcément de tout repos et peut même mener à des situations fort désagréables si les règles de la maisonnée ne sont pas définies dès le départ.

Les avantages

Les maisons sont de plus en plus grandes depuis que les enfants des *baby-boomers* ont pris leur envol et habitent maintenant dans leur propre appartement. Vous vous retrouvez donc aujourd'hui avec une ou deux pièces inoccupées et vous ne voulez pas pour autant vendre et emménager dans plus petit. Vous aimez le quartier et vous y avez vos habitudes. Votre maison est entièrement payée ou vous avez une petite hypothèque.

Les avantages de recruter un chambreur sont pour quelqu'un comme vous assez nombreux. D'abord, vous vous sentirez moins seul. Puis, sur le plan de la sécurité, la maison risque peu d'être vide pendant des périodes prolongées. Vous vous trouvez aussi à occuper plus d'espace et vous consacrez moins d'énergie à l'entretien.

Les revenus de location peuvent être importants, mais ils ne peuvent pas constituer pour autant la raison principale de votre projet. Il demeure néanmoins que les quelques milliers de dollars récoltés en loyer peuvent vous faire accepter plus facilement les quelques inconvénients associés à la présence d'un chambreur.

On offre quoi et à combien?

Le coût élevé des logements dans les grands centres a eu pour effet d'entraîner aussi à la hausse les loyers demandés pour une seule chambre. C'est bon à savoir, dites-vous, mais l'information est trop incomplète pour vous aider à fixer un montant raisonnable pour la chambre que vous offrez.

Le loyer d'une chambre varie essentiellement en fonction des mêmes critères qui déterminent le loyer d'un logement: l'emplacement de la maison, la dimension de la chambre, son emplacement à l'intérieur de la maison, son ensoleillement et la quantité et la qualité des services offerts. Le fait que la chambre soit meublée ou non ainsi que l'utilisation permise de certaines aires communes telles que le salon, la salle de jeux ou la cour arrière influencent également le montant que vous pouvez réclamer.

Lorsque vous annoncerez la chambre à louer, vous avez intérêt à dresser la liste des caractéristiques et des conditions qui y sont associées; voici les plus importantes:

- accès à la cuisine (cuisinière, réfrigérateur) ou non;
- chambre chauffée, eau chaude;
- électricité incluse ou non;
- chambre meublée ou non;
- repas fournis ou non;
- accès à la laveuse et à la sécheuse;
- stationnement;
- accès à la cour;
- accès au salon ou à la salle de jeux;
- chambre pour fumeur ou non-fumeur.

Le montant du loyer de la chambre doit refléter les conditions du marché dans votre quartier ou être adapté à la clientèle visée.

Faisons l'hypothèse que vous ne vivez pas trop loin d'un cégep. Dans ce cas, la demande pour les chambres est habituellement très forte. À ce point d'ailleurs que la plupart des collèges affichent sur leur site Web une liste assez étoffée des chambres offertes dans le secteur. Les conditions et les caractéristiques des chambres sont toutes indiquées ainsi que les loyers demandés. À titre d'exemple, la liste affichée par le collège Édouard-Montpetit à Longueuil affiche des chambres dont le loyer moyen est de 300 $ par mois. Il faut par contre faire attention à l'interprétation d'une moyenne. Assis sur un poêle à bois qui chauffe et les deux pieds dans un bac à glace, vous pourriez ainsi affirmer qu'en «moyenne», vous vous sentez bien.

Il y a donc des chambres offertes à 250 $ par mois et d'autres à 110 $ par semaine. L'information contenue sur la liste ne permet pas d'indiquer toutes les caractéristiques des chambres. Il faut donc prendre le temps d'appeler le locateur et de demander les renseignements pertinents; nul besoin de vous faire passer pour un étudiant pour les obtenir. Les gens donnent habituellement assez de conseils et ne se voient pas en concurrence avec d'autres propriétaires ayant une chambre à louer. Après tout, il ne s'agit pas d'un commerce.

Dénicher le chambreur idéal

On ne recrute pas un chambreur en utilisant les mêmes critères que lors du recrutement d'un locataire de logement. La différence principale tient au fait que le chambreur partagera votre espace et pourrait enfreindre votre intimité et votre liberté.

Définissez tout d'abord les raisons qui vous poussent à vouloir un chambreur. Est-ce pour la compagnie, le revenu, la volonté de vous faire un ami, pour la conversation, de l'aide à l'entretien ou une combinaison de ces facteurs?

Vous serez en effet déçu si vous recrutez un chambreur dans le but de briser votre solitude pour ensuite réaliser que le chambreur en question passe son temps réfugié dans sa chambre en limitant tout contact avec vous. En fait, le défi consiste à trouver la personne dont le style de vie est compatible avec le vôtre, c'est-à-dire que sa façon d'être et de se comporter ne contrevient pas à vos habitudes et à vos règles de vie.

Une bonne façon de trouver la perle rare consiste à ce que vous dressiez tout d'abord la liste des «règles de la maison» que vous souhaitez voir respectées, par exemple :

- la présence d'invités dans la chambre, les aires communes, et à quelles conditions ;
- l'interdiction de faire de la nourriture dans la chambre ;
- l'autorisation ou non de fumer ou de boire ;
- les conditions d'utilisation des aires communes ;
- la répartition de l'espace du réfrigérateur ;
- les tâches d'entretien lorsque le chambreur utilise la cuisine et la salle de bains.

Vient ensuite la tâche du recrutement. Les chambreurs étudiants sont faciles à trouver par le biais des collèges et des universités. Vous vivez tout près d'un hôpital ? Un affichage sur les étages vous amènera des infirmières et des médecins résidents.

Vous devez par contre faire preuve de la plus grande vigilance si vous procédez par le biais des petites annonces. Ne sachant pas trop à qui vous vous adressez, tentez d'obtenir le maximum de renseignements au téléphone et fixez le lieu de rendez-vous ailleurs que chez vous, surtout si vous êtes âgé ou que vous vivez seul.

Les logements illégaux : risqués pour les locataires

Vous serez probablement dans l'illégalité si vous aménagez un appartement dans votre maison afin d'y loger vos vieux parents ou vos ados qui vous font vieillir prématurément.

Les municipalités n'ont pas, pour la plupart, adapté leur réglementation afin de favoriser l'aménagement d'appartements dits de «troisième génération» sur leur territoire.

Le logement que vous aménagez dans l'ancien garage, le sous-sol ou une nouvelle rallonge sera ainsi considéré comme illégal et vos parents et vous, de criminels. Les intentions des propriétaires ne sont pas cependant toujours aussi nobles si le but est d'offrir le nouveau logement en location à des gens qui ne font pas partie de la parenté immédiate.

De la visite cachée

Un appartement accessoire est défini comme un logement situé à l'intérieur d'une habitation familiale ordinaire. Le locataire de l'appartement accessoire partage plus souvent qu'autrement la cour, l'entrée d'auto et même l'entrée principale avec les propriétaires de l'immeuble.

Ces appartements sont pour la plupart illégaux, en ce sens qu'ils dérogent aux règlements de zonage et qu'ils contreviennent aux normes municipales sur la sécurité et sur l'habitabilité.

Pour le propriétaire des lieux, l'aménagement d'un logement accessoire permet d'arrondir les fins de mois, d'autant plus que les revenus ne sont pas déclarés au fisc, ou de loger à moindres frais qu'ailleurs ses vieux parents.

L'intérêt pour le locataire est tout aussi apparent, puisque le logement accessoire est, dans la plupart des cas, loué pour une somme inférieure à ce que coûte une superficie comparable dans un immeuble multilogements conventionnel.

On aime vivre dans le péché

Le locataire vivant dans ce type de logement connaît habituellement la nature illégale de son installation. Il ignore cependant si, en cas de mésentente avec le propriétaire, son statut le rend admissible à la protection accordée par la loi sur la Régie du logement du Québec.

Dans les faits, la situation risque de tourner au désavantage du locataire dans l'éventualité d'une contestation si le caractère illégal du logement est porté à l'attention de la Régie.

Le propriétaire qui avoue que son logement est illégal dans le but, espère-t-il, de le soustraire à la juridiction de la Régie se met pour ainsi dire « le doigt dans l'œil ». En agissant ainsi, il vient affirmer que, selon la loi, son logement est impropre à l'habitation et que, de ce fait, il ne peut être offert en location.

Le locataire qui tente d'intimider le propriétaire en révélant le statut illégal du logement occupé risque lui aussi les mêmes inconvénients. Ainsi, le locataire pourrait, devant la Régie, se voir donner raison quant à une augmentation abusive du loyer, mais aussi il se retrouverait à en perdre la jouissance puisque le logement serait malgré tout déclaré impropre à l'habitation. C'est donc là une situation classique de « qui gagne perd ».

Les municipalités ne sont pas pressées

Les propriétaires qui aménagent un logement au sous-sol ou dans une rallonge pour loger leurs parents risquent peu d'avoir ce genre de problème, compte tenu de la relation privilégiée qui les unit à leurs locataires. Il en va autrement si vous convertissez un garage détaché en un petit apparement ou si vous construisez un pavillon de jardin habitable. Les municipalités, qui craignent avant tout une surcharge de demande des services, ne semblent pas pour le moment disposées à modifier leur réglementation.

Condo ou chalet?
Dix questions pour y voir clair

1 J'aimerais bien une résidence secondaire, mais n'y a-t-il que des chalets?

Le marché des résidences secondaires était auparavant composé uniquement de chalets. Toutefois, cette forme d'habitation ne convient pas à tous les caractères ni à toutes les bourses. De là la prolifération de condos en campagne qui offrent une formule de vacances qui diffère sensiblement de la vie de chalet.

2 Quel est le principal avantage d'un condo par rapport à un chalet?

La vie de chalet, habituellement fort agréable, peut être vulnérable aux cambriolages. Cette lacune est moins apparente du côté des condos où les voisins sont forcément plus près et plus nombreux, rendant d'autant plus difficile une effraction non remarquée.

3 Qu'est-ce qui est mieux pour les enfants?

L'acquisition d'un condo en tant que résidence secondaire présente habituellement moins de risques pour la sécurité des enfants. Les ensembles sont plus souvent qu'autrement situés en retrait des routes et les piscines, les plages et les équipements sportifs font souvent l'objet d'une surveillance continue.

4 Est-ce que je dois assurer autant d'entretien qu'un chalet?

L'achat d'un chalet vous oblige à l'entretenir de la même façon que vous entretenez votre résidence principale. Les personnes pour qui la vie de campagne se veut synonyme de tranquillité et de loisirs n'apprécient généralement pas consacrer leurs heures libres à l'entretien du chalet. C'est d'ailleurs cette clientèle qui opte pour l'achat d'un condo dont l'entretien est assuré par des tiers, rémunérés à partir des charges de copropriété versées mensuellement par l'ensemble des copropriétaires.

5 Est-ce que le condo coûte plus cher que le chalet?

L'achat d'un chalet situé en bordure d'un lac coûte cher, la demande excédant largement l'offre de propriétés disponibles. Les personnes qui tiennent absolument à passer leurs vacances en bordure d'un plan d'eau doivent alors disposer de fonds importants, se résigner à demeurer en ville, louer un chalet à gros prix ou opter plutôt pour l'achat d'un condo.

6 L'intimité dans un chalet est quand même plus grande que dans un condo, n'est-ce pas?

En règle générale, le chalet type accorde une plus grande intimité que le condo situé dans un immeuble où vivent plusieurs autres vacanciers. Cela dit, il y a tout de même des chalets collés les uns sur les autres qui offrent peu ou pas d'intimité, alors qu'il existe des ensembles de copropriétés très bien conçus, permettant aux résidents de profiter d'un degré d'intimité plus qu'acceptable.

7 Faut-il être bricoleur pour posséder un chalet?

En règle générale, les chalets sont plus âgés que les condos. Armez-vous donc d'une trousse d'outils et de beaucoup de compétences.

8 **Lequel, du condo ou du chalet, présente le meilleur investissement?**

Un chalet en bordure d'un lac s'apprécie toujours plus et se vend toujours mieux qu'un condo, même si celui-ci est aussi situé près d'un lac.

9 **Est-ce que le chalet et le condo se financent de la même façon?**

Habituellement oui, même si le chalet reposant sur des fondations de blocs de ciment ou sur des colonnes pourrait exiger un apport en capital plus important que dans le cas de l'achat d'un condo de construction récente.

10 **Y a-t-il un dernier élément à considérer?**

N'oubliez surtout pas que la superficie moyenne d'un chalet est plus grande que celle d'un condo. Le prix d'achat au pied carré n'est peut-être pas aussi élevé que vous le croyez lorsqu'il est question d'acquérir un chalet plutôt qu'un condo.

Un chalet, deux couples : pas de problèmes!

La flambée des prix dans l'immobilier a aussi touché les chalets dont les prix se sont à leur tour envolés vers les sommets. Si vous n'avez pas les moyens de vous acheter un chalet seul, vous trouverez peut-être profitable d'en acheter un en compagnie d'un couple de vos très, très bons amis.

Cette idée qui, *a priori*, peut sembler saugrenue pour plusieurs présente néanmoins de nombreux avantages. Vous n'avez pas à assumer une aussi grande charge financière non seulement pour l'hypothèque, mais aussi au moment de la mise de fonds en capital. Vous disposez aussi de suffisamment de semaines dans l'année pour répartir le temps d'utilisation du chalet de façon équitable et satisfaisante. Pourquoi, en effet, acheter seul un chalet si vous ne prévoyez l'occuper que quelques semaines ou fins de semaine dans l'année?

Il s'agit d'une copropriété!

Deux couples qui se portent acquéreurs d'un même chalet se trouvent alors à l'acheter sous forme de copropriété indivise, c'est-à-dire que chaque couple est propriétaire de la moitié de l'ensemble de sa valeur. Que chacune des personnes dont le nom apparaît sur l'acte hypothécaire est responsable de l'engagement financier de l'autre. Si, par exemple, le mari de l'autre couple perd son emploi, vous devrez à la limite assurer sa part de responsabilité hypothécaire.

Cela dit, l'achat d'un chalet à deux couples impose la rédaction d'une convention d'indivision qui dictera les droits et les responsabilités de chacun. Cette convention est de nature privée et son contenu est négocié entre les parties avant l'achat. Elle peut spécifier les éléments suivants:

- la fréquence d'utilisation du chalet par chacun des couples;
- les périodes d'utilisation commune;
- la répartition des frais d'entretien;
- le partage des dépenses;
- les conditions de location;
- les conditions de vente éventuelle à l'autre couple ou à un tiers.

Le coût de rédaction d'une convention d'indivision est habituellement facturé au tarif horaire alors que le coût de rédaction d'un acte hypothécaire varie non seulement d'un notaire à l'autre, mais aussi d'une région à l'autre. Par exemple, les frais de notaire pour un chalet à Mont-Tremblant coûte habituellement plus cher que pour un chalet d'une valeur équivalente dans les régions de Lanaudière et de l'Outaouais.

Attention, les concubins!

Dans le meilleur des mondes, on pourrait écrire: «Ils achetèrent un chalet à quatre et vécurent heureux le reste de leurs jours.» Dans les faits, les ruptures entre conjoints demeurent toujours possibles. Il est donc primordial que les droits de chacun des acheteurs soient protégés. Pour ce qui est des couples liés par le mariage ou l'union civile, leurs droits sont protégés, puisque le chalet fait partie intrinsèque du patrimoine familial et sa valeur est partagée en parts égales au moment de la dissolution du couple. Seule exception à ce scénario: lorsqu'une partie du capital versé provient d'une donation ou d'un héritage; dans ce cas, il n'a pas à être partagé au moment de la rupture.

La situation n'est pas aussi claire lorsque le couple n'est ni marié ni lié par une union civile. Au Québec, la femme non mariée ne jouit d'aucune protection spécifique au moment d'une séparation. Cela veut dire que le couple doit définir, avant l'achat, la répartition éventuelle des fruits de vente du chalet en cas de rupture. Cette précaution s'impose tout autant à l'achat d'une résidence principale qu'à l'achat d'un chalet.

Les banquiers disent oui!

Acheter un chalet à deux couples s'avère aussi simple que d'acheter toute autre forme de propriété. Puisqu'il s'agit d'une résidence secondaire, les prêteurs exigent une mise de fonds variant de 25 % à 35 % du prix d'achat. Pour acheter un chalet de 100 000 $, chaque couple doit donc contribuer 12 500 $. Cela est quand même plus abordable que d'accumuler 25 000 $ dans le but d'être l'unique propriétaire.

Une fois ce détail réglé, la demande de prêt s'effectue selon les mêmes règles que tout autre dossier plus conventionnel. Les demandeurs doivent notamment fournir un portrait de leur situation financière, une preuve d'emploi, un bon dossier de crédit, et ainsi de suite.

Peut-être entrevoyez-vous la possibilité de louer le chalet une, deux ou même quelques semaines par année pendant une période où ni l'un ni l'autre des couples ne manifestent le besoin de l'occuper. Cela ne change en rien la demande de prêt hypothécaire, puisque le chalet ne sera pas pour autant considéré comme une propriété à revenus. Les loyers potentiels ne seront donc pas considérés par votre prêteur comme une entrée de fonds pouvant servir à rembourser l'hypothèque.

En règle générale, le coût de financement d'une résidence secondaire est légèrement plus élevé que le financement d'une résidence principale. Le taux d'intérêt sur ce type de prêt est habituellement de 0,5 % plus élevé que pour le financement d'une résidence principale.

Le seul hic : les assurances

La personne qui achète seule un chalet n'éprouve aucune difficulté à assurer la propriété. Il suffit de communiquer avec l'assureur de sa résidence principale qui ajoutera la protection du chalet à la police « primaire » déjà en vigueur.

Dans le cas d'un chalet acheté par deux couples, la situation n'est pas aussi simple. Les compagnies qui acceptent d'assurer un chalet dont la moitié n'appartient pas à leur client sont moins nombreuses, mais quand même existantes. Il faut donc idéalement que l'assureur primaire d'un des acheteurs accepte le profil du couple d'amis qui achètent avec vous en copropriété. Pour ce qui est de vous assurer, si vous prévoyez louer le chalet, alors il faut oublier ça. Au mieux, l'assureur vous accordera la protection contre l'incendie, mais pas la protection contre le vol du contenu puisque vous allez louer à des gens que l'assureur ne connaît pas.

Il faudra aussi s'attendre à payer davantage pour les primes si le chalet est en partie loué. Cela va jusqu'à 50 % de plus dans certains cas.

Les chalets coûtent trop cher ?
Louez-en un !

Dans un marché où le prix des chalets a augmenté presque autant que celui des résidences principales, l'acquisition d'une propriété secondaire devient difficilement abordable pour plusieurs, d'où l'intérêt accru pour la location. Celle-ci vous permettra de décider si la région où se trouve le chalet vous plaît assez pour un jour motiver un achat, une fois les prix devenus plus raisonnables.

La prolifération de condos neufs, vendus comme résidences secondaires, accroît le bassin de propriétés qui peuvent être louées l'hiver. Rien n'indique toutefois que cet afflux a fait diminuer le prix de location. La popularité du ski, conjuguée à l'optimisme incorrigible des sportifs qui espèrent chaque année une saison enneigée, suscite toujours une forte demande pour les chalets.

Louer ou acheter ?

Si vous croyez que louer un chalet coûte disproportionnellement trop cher, c'est que vous n'avez pas comptabilisé tous les coûts reliés à un achat.

Supposons l'achat d'un sympathique petit chalet de 160 000 $ situé en montagne dans les Laurentides. À ce prix, on exclut évidemment une propriété située au cœur de Saint-Sauveur ou au Mont-Tremblant.

- Capital à l'achat : 40 000 $, donc un sacrifice de 4000 $ en rendement possible sur un investissement rapportant 10 % ;
- 7200 $ d'intérêts la première année sur une hypothèque de 120 000 $ à 6 % ;
- De 1000 $ à 2000 $ en taxes foncières et scolaires ;
- Au bas mot 1000 $ d'entretien et de réparations ;

- 1000 $ d'équipement extérieur: tondeuse, table, outils, etc.;
- 500 $ pour un contrat de déneigement du chemin menant à la route principale;
- Total: de 12 000 $ à 15 000 $.

N'oubliez pas non plus que la location vous permet de varier le paysage d'une année à l'autre, puisque vous n'êtes pas dans l'obligation de toujours retourner au même endroit. Vos enfants apprécieront!

«Où est-ce qu'on va, papa?»

Les régions des Laurentides et des Cantons-de-l'Est constituent les deux pôles d'attraction principaux pour les Montréalais en quête d'un chalet. Avant de partir à sa recherche, il faut donc savoir laquelle de ces deux régions présente pour vous le plus d'attraits.

Les skieurs qui apprécient les défis préféreront peut-être louer dans les Cantons-de-l'Est, là où les montagnes sont plus hautes que dans les Laurentides, à l'exception de Mont-Tremblant. Les résidants de la rive sud de Montréal qui optent pour cette région seront plus rapidement sur les pistes que s'ils se dirigent vers Saint-Sauveur, surtout les vendredis soir, moment de grands embouteillages sur l'autoroute des Laurentides. Le même raisonnement s'applique aux résidants de Québec qui opteront soit pour la montagne, soit pour le bord de l'eau.

En contrepartie, l'autoroute des Cantons-de-l'Est ne passe pas directement dans les villages, mais s'étend habituellement à équidistance de deux localités d'égale importance. Il faut presque toujours faire un certain bout de chemin, hors de l'autoroute, pour se rendre au chalet alors que l'autoroute des Laurentides passe au cœur même des villages qui la longent.

Votre choix dépend aussi de facteurs purement subjectifs. En ce sens, la tranquillité relative de la vie nocturne des

Cantons-de-l'Est plaît peut-être moins aux célibataires et aux familles monoparentales qui cherchent une vie sociale basée sur de nombreuses rencontres, comme le permettent les innombrables bars, restaurants et discothèques des Laurentides.

Mon beau chalet, roi des forêts...

Une fois que vous aurez déterminé la région qui vous intéresse, il vous reste ensuite à définir les caractéristiques du chalet idéal. Celles-ci joueront beaucoup sur le prix de location; parmi les plus évidentes, notons:

- La proximité des pistes. Rien ne vous sert de payer le gros prix pour louer un chalet à flanc de montagne sur les pistes de ski alpin si votre famille compte surtout des adeptes de ski de randonnée. Il ne faut pas non plus privilégier le chalet situé à 10 minutes des pistes à celui qui nécessite 15 minutes de déplacement. Dans un cas comme dans l'autre, vous devrez de toute façon vous déplacer en auto.

- La proximité de la route. Les gens qui ont de jeunes enfants ou un chien ne choisiront pas un chalet situé trop près d'une route où les autos passent à toute allure. Ils insisteront par contre pour que le chalet soit facilement accessible de la grand-route, surtout par temps enneigé.

- Le nombre de pièces. La pratique des sports d'hiver exige un grand espace de rangement. Une chambre additionnelle s'avère aussi très utile lorsqu'on reçoit des amis et lorsqu'on prévoit partager l'endroit avec un autre ménage.

Un relevé des petites annonces nous a permis d'établir une échelle de prix pour les chalets à louer. En règle générale, les chalets sont loués pour une saison de six mois, débutant soit en octobre ou en novembre et se prolongeant jusqu'au début d'avril ou de mai.

Les prix demandés varient de 4000 $ à 12 000 $ par saison, tant dans les Laurentides que dans les Cantons-de-l'Est et Charlevoix. Il y a aussi possibilité de louer au mois. De plus en plus de chalets peuvent également être loués sur une base hebdomadaire.

Dénicher son chalet

Les petites annonces et Internet constituent évidemment la première ressource des chercheurs de chalets. Bien souvent, la propriété décrite est un tantinet plus attrayante sur papier qu'elle ne l'est en réalité. Il faut donc obtenir le maximum de renseignements au téléphone avant de se rendre sur place visiter les lieux: distance réelle de la ville, permission d'y avoir des animaux et de partager le chalet à plusieurs, la nature et l'état des équipements ainsi que la proximité des pistes.

Les petites annonces dans les hebdos régionaux sont aussi une source d'informations intéressantes. Il ne faut surtout pas négliger celles affichées dans les commerces locaux tels que les dépanneurs et les épiceries.

Les maisons de courtage reçoivent parfois le mandat de recruter des locataires pour des propriétés de la région. Vu le montant de la commission, les propriétés offertes sont habituellement haut de gamme avec un prix de location très élevé.

«Bail, bail, mon skieur!»

En l'absence de bail type et de législation spécifique relativement aux chalets, les conditions de location sont uniquement le fruit du pouvoir de négociation de chacune des parties.

Il existe néanmoins des éléments de base qui font partie de la plupart des ententes. La totalité des chalets recensés sont offerts meublés. Le coût de l'électricité et du chauffage est aussi comptabilisé dans le tarif de location. Viennent ensuite les «extras» pour lesquels il peut y avoir ou non un supplément au tarif de base : téléphone, bois de chauffage, câble, Internet, billets de remonte-pente, entretien, déneigement et literie.

Sur un échantillon de soixante-dix petites annonces, un seul locateur spécifiait que son chalet n'était offert qu'aux non-fumeurs. Des skieurs fumeurs ? Ben voyons donc !

Condo : acheter pour louer

Il y a des gens qui ont fait l'acquisition d'un condo non pour l'habiter, mais pour le louer. Ils espèrent ainsi faire un placement rentable tout en profitant de certains avantages fiscaux. L'intérêt sur l'hypothèque ainsi que les charges de copropriété mensuelles sont en effet déductibles, puisque l'argent versé est considéré comme un investissement pouvant générer des revenus.

Pour l'acheteur, l'idéal consiste à louer son condo à un prix égal au montant de l'hypothèque additionné des charges de copropriété. Certaines personnes peuvent même se permettre de louer à un prix plus bas, puisque les frais d'intérêt hypothécaire sont aussi déductibles. Le propriétaire espère ainsi faire financer son achat par le locataire. Il dépense alors peu, pour avoir le droit un jour de revendre son unité avec profit.

L'erreur des erreurs

Dans plusieurs cas, ce petit scénario optimiste ne se matérialise jamais. L'erreur première est de croire qu'un ensemble de condos habité surtout par des locataires prendra autant de valeur qu'un autre habité uniquement par des copropriétaires. Habituellement, la présence de locataires a pour effet de déprécier un immeuble de condos, car le locataire n'a pas la même motivation que le propriétaire pour entretenir et améliorer les lieux.

Une forte proportion de locataires signifie parfois que le promoteur n'a pu vendre toutes les unités. Il se peut alors que l'immeuble soit mal conçu ou d'une qualité de construction inférieure. De plus, au moment de la revente, plusieurs acheteurs éventuels pourraient se montrer réticents à acquérir une unité occupée précédemment par un locataire. Ils craindront avec raison que l'unité n'ait pas fait l'objet d'autant d'attentions et que les équipements soient, de ce fait, en moins bon état.

Le moins cher possible

Une autre erreur consiste à payer trop cher un condo qu'on souhaite louer. Il n'est pas toujours possible de trouver un locataire prêt à payer un loyer équivalent à un versement hypothécaire. Il faut alors diminuer le loyer afin d'attirer les locataires potentiels. Dans un tel cas, on se trouve à dépenser trop pour l'achat d'un condo qui, dans les faits, ne rapporte pas autant que prévu.

À titre de comparaison, l'acheteur d'une petite propriété à revenus dépense rarement plus de huit fois les revenus annuels pour acquérir une propriété. Même si cette mesure n'est pas très précise, elle sert encore d'élément de comparaison lorsqu'on cherche à déterminer si un achat est oui ou non une bonne affaire. Ainsi, un quadruplex générant 48 000 $ de revenus par année se vendra moins de 300 000 $. Si vous achetez un condo 180 000 $ pour le louer 1000 $ par mois, l'acquisition semble moins profitable que dans le cas du quadruplex.

Évidemment, tous n'ont pas le capital pour acheter un quadruplex de 300 000 $ alors que le capital nécessaire à l'achat d'un condo de 180 000 $ est plus facile à accumuler. Que faire alors si vos disponibilités en capital sont limitées ?

Quelques conseils pratiques

1. Achetez dans un quartier où le taux d'inoccupation des logements est bas.
2. Choisissez un quartier pourvu du maximum de services parce que souvent les locataires ne possèdent pas d'auto.
3. Pour les mêmes raisons, optez pour un condo à proximité du transport en commun.
4. Surveillez la tenue des encans où sont offertes des propriétés à bas prix.
5. Demandez la liste des reprises bancaires auprès des institutions prêteuses.
6. Faites-vous connaître des agents immobiliers du quartier qui vous intéresse. Indiquez-leur clairement ce que vous recherchez.
7. Négociez durement au moment de l'achat. Rappelez-vous qu'en immobilier, le profit se réalise non pas à la vente, mais au moment de l'acquisition.

Investir la valeur nette de votre maison : attention !

La plus grande partie du patrimoine des Québécois se trouve non pas dans leur REÉR et leur compte d'épargne, mais plutôt dans leur maison. En tant que propriétaire, vous êtes donc probablement plus riche que vous ne le croyez et avez à la portée de vos doigts une source de financement peu coûteuse pour vos projets d'investissement.

À bas l'«équité» !

Le mot «équité» n'est qu'un anglicisme disgracieux; l'expression juste et française est la «valeur nette», c'est-à-dire la différence entre la valeur marchande de votre maison et le montant de l'hypothèque qui y est rattaché. Si votre maison vaut actuellement 250 000 $ alors que l'hypothèque est de 50 000$, la valeur nette dont vous disposez est de 200 000 $. Cette somme ne rapporte aucun intérêt et ne génère aucun rendement tant et aussi longtemps qu'elle reste dormante. Le propriétaire peut heureusement utiliser une partie de sa valeur nette pour effectuer des investissements qu'il espère rentables.

Il y a essentiellement trois façons d'avoir accès à cet argent:

1. Renégociez votre hypothèque actuelle en versant les pénalités d'usage. C'est une solution coûteuse; il vaut mieux attendre l'échéance du contrat afin de négocier de nouvelles conditions portant sur un emprunt plus élevé;

2. Contractez une seconde hypothèque. Vous paierez cependant un taux d'intérêt nettement plus élevé que sur la première;

3. Obtenez une marge de crédit hypothécaire. Il s'agit d'un outil financier très flexible puisque vous ne payez des intérêts que sur les sommes utilisées. Le taux varie cependant selon les fluctuations du marché. Servez-vous-en en attendant l'échéance du contrat hypothécaire en cours. Sachez toutefois que vous ne pourrez utiliser la totalité de la valeur nette, puisque les institutions financières limitent habituellement à 75 % de la valeur marchande, moins le solde hypothécaire, le montant total pouvant être emprunté sur votre résidence principale.

Qu'est-ce qu'on achète?

Vu les coûts associés à la renégociation d'une hypothèque de premier rang comme ceux reliés à l'obtention d'une seconde hypothèque, vous n'utiliserez pas ces véhicules pour combler de petits besoins en financement. Il est préférable d'opter pour un prêt personnel ou une marge de crédit conventionnelle.

Le recours à la valeur nette accumulée dans votre maison n'est conseillé que lorsque vos besoins en capital sont importants, notamment lorsqu'il est question d'acheter un bien immobilier.

Puisque le marché est au ralenti, il offre de nombreuses possibilités intéressantes à l'investisseur patient et, surtout, très prudent. Si les occasions abondent, ce n'est pas une raison pour commettre les erreurs élémentaires qui ont causé la chute des plus gros comme des plus petits investisseurs.

Que vous achetiez un terrain, un petit duplex, un chalet que vous louerez ou un immeuble commercial, ne vous aventurez pas sans verser à tout le moins 25 % du prix sous forme de capital que vous puiserez évidemment dans la valeur nette de votre maison. En tant que propriétaire d'un immeuble locatif, vous aurez à régler des problèmes de trois ordres et c'est votre talent à faire face à ces défis qui déterminera en bonne partie la rentabilité de votre aventure immobilière.

- Les problèmes d'ordre physique : état de l'immeuble – plomberie, électricité, façade, structure, toiture et système de chauffage ;

- Les problèmes humains : locataires difficiles, mauvais payeurs, taux de roulement élevé, plaintes fréquentes, etc. ;

- Les problèmes de financement : taux d'intérêt élevé, contrat à renégocier, pénalités à éviter, solde de prix de vente à rembourser, taxes municipales et scolaires.

100 % de financement

La personne qui fait usage de la valeur nette de sa maison pour financer l'acquisition d'un bien immobilier se retrouve plus souvent qu'autrement à financer la totalité de son achat, soit, à tout le moins, le quart par le biais de sa valeur nette et, au maximum, les trois quarts par le biais d'un prêt hypothécaire conventionnel garanti par l'immeuble acheté.

Un financement à 100 % de l'immeuble laisse peu de place aux erreurs qui mettraient en péril votre investissement et vous obligeraient à remettre les clefs au prêteur advenant le cas où vous ne pourriez effectuer vos remboursements mensuels sur la totalité des sommes empruntées.

Les problèmes qui peuvent menacer votre stabilité financière sont nombreux si vous ne savez pas les prévoir : taux d'inoccupation trop élevé, réparations majeures imprévues, locataires insolvables et trop peu de liquidités générées par l'immeuble. Afin d'éviter ces écueils et rendre profitable votre incartade dans le marché, il faut plus que jamais respecter les règles élémentaires de sélection de votre investissement.

- Négociez, négociez et négociez encore le prix d'achat. C'est au moment de l'acquisition d'un bien immobilier et non au moment de sa revente que l'on réalise réellement son profit.

- Ne tenez pas compte des «promesses» de gains en capital vantées par le vendeur. L'inflation étant à son plus bas, cette considération ne devrait pas faire partie de la détermination du prix d'achat.

- Arpentez le quartier avant d'y acheter quoi que ce soit. Est-ce que la clientèle qu'on y trouve a besoin du produit que vous vous apprêtez à acquérir? Acheter un immeuble de studios dans un secteur où pullulent les familles n'est peut-être pas le coup du siècle.

- Évitez les secteurs à problèmes, même si le prix demandé laisse croire à une aubaine. Personne n'aime aller cueillir les chèques de loyer armé d'un bâton de baseball.

- Il vaut mieux privilégier les quartiers où la clientèle est de meilleure qualité, quitte à payer un peu plus cher l'immeuble.

- Faites vos devoirs! Faites inspecter l'immeuble. Vérifiez les baux et la moyenne des loyers dans le secteur pour des logements comparables.

- Dans le cas de l'achat d'un terrain, vérifiez la nature du sol, la présence de contaminants, le zonage et la nature des exigences du ministère de l'Environnement pouvant en affecter l'usage.

Votre premier immeuble à revenus : pour ceux qui trouvent le *bungee* trop pépère !

La crise du logement vous fait croire que les propriétaires de logements deviennent vite millionnaires ? La réalité n'est pas aussi simple et les personnes qui s'aventurent en immobilier doivent avoir à la fois des nerfs d'acier et des reins solides.

L'état du marché

Le marché de la petite propriété à revenus, celle comptant de quatre à six logements, révèle des signes évidents d'inconsistance, les prix étant dans certains cas trop élevés et dans d'autres, trop bas.

Les reprises de finances, les ventes à l'encan et les faibles taux d'inoccupation ont tous contribué à mêler les cartes d'un jeu qui, pendant longtemps, était d'une analyse facile.

Toute cette confusion amène des comportements contradictoires. Certains petits investisseurs croient encore que les prix exagérés en vigueur dans plusieurs quartiers demeureront encore la norme pour les prochaines années, d'où un empressement à vouloir acheter au plus vite afin de profiter des appréciations qui s'en viennent. D'autres propriétaires, atteints de fièvre spéculative, exagèrent la valeur réelle de leur immeuble et le mettent en vente à un prix nettement soufflé. Dans le marché actuel, une telle démarche mène à l'échec puisque les acheteurs sérieux ainsi que les agents ne voudront pas traiter avec un vendeur aussi peu sérieux. Ainsi, la propriété à vendre risque fort d'être rapidement «brûlée» et ne trouvera jamais preneur au prix affiché.

Historiquement, on observe que l'immobilisme ou, à l'inverse, la frénésie qui peut teinter le marché est souvent attribuable au nombre important de petits propriétaires qui paient trop cher leur immeuble. Dans un marché où la demande est faible, les propriétaires sont dans l'obligation de vendre à perte, ce qu'ils ne veulent évidemment pas faire. Ils décident donc de conserver l'immeuble en attendant que le marché se raffermisse.

Dans le cas du marché actuel qui ressemble à un jeu de chaises musicales, on observe que les débutants ont tendance à s'empresser pour acheter leur premier immeuble de peur que les prix n'augmentent encore davantage et retardent encore plus leur accession au statut de «grand propriétaire foncier».

Les erreurs

De nombreux éventuels acheteurs risquent de commettre des erreurs coûteuses lors de leurs transactions s'ils négligent de s'adapter aux nouvelles conditions du marché.

Les acheteurs qui croient pouvoir rentabiliser leur investissement dès la première année parce que la demande pour les logements demeure forte, se mettent sérieusement «le doigt dans l'œil». Sous prétexte que les propriétés disponibles sont rares, la tentation est souvent forte de négliger les précautions élémentaires:

- Vérifiez les baux: qui paie quoi et depuis combien de temps?
- Rencontrez les locataires en place: y a-t-il des cas problèmes?
- La propriété peut-elle être améliorée ou est-elle à son paroxysme?

- Le quartier peut-il accepter des loyers plus élevés?
- Informez-vous du profil de la clientèle locale.

Ajoutons à cela que le maintien d'un faible taux d'inflation, comme c'est le cas actuellement, ne justifie pas des hausses de loyer importantes aux yeux de la Régie du logement. Le propriétaire doit donc prévoir un manque à gagner de 4% et même 5% attribuable aux mauvaises créances et à l'inoccupation. Seuls les profanes et les naïfs estiment un manque à gagner de l'ordre de 2% lors de l'évaluation de la rentabilité de leur immeuble.

En fait, trop de petits investisseurs ont, par le passé, surévalué le marché. Ils croyaient que le prix d'achat n'avait que peu d'importance car il ne cesserait de monter, leur assurant un gain en capital à court terme.

Force est de reconnaître que ce contexte n'existe pas dans tous les cas et que tout investissement immobilier doit être effectué dans une perspective de rendement à long terme.

Encore aujourd'hui, bon nombre d'investisseurs se lancent dans l'immobilier les yeux fermés en croyant que tout achat constitue de l'or, surtout lorsqu'ils décrochent la propriété à prix d'aubaine dans un encan ou auprès du créancier qui l'a reprise. Encore faut-il souligner qu'en immobilier les véritables aubaines sont rares.

En ce sens, les histoires d'horreur sont nombreuses. Notamment celle du profane qui achète un triplex à prix supposément avantageux et qui apprend, un mois plus tard, que deux des logements sont utilisés comme piqueries. Rien n'assure évidemment au nouveau propriétaire qu'il pourra réussir là où la police a échoué.

Face à un avenir teinté d'incertitude, la plus grande précaution s'impose. Dans un tel contexte, il vaut toujours mieux éviter l'achat d'immeubles de bas de gamme abritant des locataires difficiles. Optez plutôt pour des immeubles de meilleure qualité, quitte à payer un peu plus cher afin de jouir d'une plus grande quiétude d'esprit.

Les nouvelles règles d'or

1. N'achetez un immeuble que s'il est déjà rentable.
2. Misez sur les liquidités et non sur le gain en capital.
3. Vous ne pouvez à vous seul éliminer la criminalité d'un secteur.
4. Acceptez de payer plus cher pour obtenir un immeuble bien loué : loyers concurrentiels et clientèle fiable.
5. N'achetez jamais sans donner au moins 25 % en capital.
6. Assurez-vous de la collaboration de votre conjoint avant de vous lancer dans l'aventure de l'immobilier.
7. Ne vous laissez pas leurrer par le seul bas prix d'un immeuble : il y a probablement anguille sous roche.
8. Achetez dans un secteur que vous connaissez bien et qui n'est pas trop éloigné de votre résidence.
9. Évitez les immeubles délabrés si vous ne possédez pas de talents en rénovation.
10. N'achetez pas un immeuble où vous refuseriez vous-même de vivre en tant que locataire.

Il faut y mettre le temps

L'investissement boursier exige relativement peu de temps lorsqu'on le compare à l'investissement immobilier. L'acheteur d'actions n'a en effet qu'à surveiller ses cotes boursières dans les quotidiens, à lire la littérature financière bien campée dans son fauteuil préféré à la maison et à faire régulièrement des appels à son courtier ou à transiger directement sur Internet.

L'investissement immobilier est, à cet égard, beaucoup plus exigeant. D'une part, parce qu'il faut consacrer davantage d'attention à l'achat de l'immeuble qu'à l'achat d'un bloc d'actions et, d'autre part, parce que sa gestion accapare une partie importante du temps de loisirs de l'investisseur débutant. Celui qui achète une première propriété à revenus doit notamment s'attendre à :

- recruter des locataires fiables ;
- régler les différends entre les locataires ;
- assurer l'entretien et la réparation des logements ;
- gérer les dossiers individuels de chacun ;
- maintenir l'attrait de son immeuble par rapport aux immeubles concurrents ;
- comptabiliser les entrées et les sorties de fonds ;
- etc.

Cette liste, loin d'être exhaustive, illustre néanmoins l'énergie et les disponibilités que vous devrez consacrer à la gestion de votre avoir. Il est donc important de vous assurer de la collaboration, sinon de l'empathie, de votre conjoint qui n'appréciera peut-être pas toujours vous voir partir en catastrophe pour aller réparer les toilettes qui fuient ou un plafond qui s'est écroulé. Sans compter les fins de semaine qui risquent, à tout le moins au début, d'être entièrement consacrées à l'amélioration esthétique de la propriété.

LE CONFORT ET LA SÉCURITÉ

La sécurité : les cambrioleurs ne partent pas en vacances !

Votre maison est beaucoup plus vulnérable que vous ne le croyez et la présence d'un système d'alarme ne constitue qu'une des précautions élémentaires mais indispensables de la protection de vos biens.

Si les actes criminels avec violence ont diminué sur les territoires des communautés urbaines de la province, on constate par ailleurs une hausse soutenue des actes sans violence, tout particulièrement les vols par effraction et les agressions au domicile.

La fréquence de ces vols varie selon les quartiers. Les secteurs centraux où l'on dénombre une quantité grandissante de piqueries et autres maisons du genre subissent avec la même intensité, l'année durant, les assauts des cambrioleurs. En banlieue où la criminalité ne revêt pas la même forme, les cambrioleurs se montrent particulièrement actifs au cours des périodes de vacances d'hiver et d'été.

Des résidences vulnérables

Vous seriez étonné de savoir à quel point la plupart des résidences sont vulnérables aux cambriolages.

Bon nombre de portes-fenêtres, même lorsqu'elles sont verrouillées, peuvent être soulevées de leurs rails à l'aide d'une pelle à bout carré. Les fenêtres coulissantes en vinyle peuvent, quant à elles, être facilement ouvertes en enfonçant à l'aide d'un marteau la pointe d'un tournevis au travers du cadre à la hauteur du verrou. Les fenêtres coulissantes qui ne sont pas verrouillées peuvent être aisément soulevées et retirées de leurs rails sans le moindre effort. Les fenêtres à guillotine n'ont qu'à être cassées vis-à-vis de leur loquet pour que le cambrioleur puisse entrer.

Bref, vous comprendrez à la description de ces techniques d'intrusion, que tous les cambrioleurs connaissent déjà, qu'une maison ne constitue aucunement une forteresse imprenable. D'autant plus que bon nombre de propriétaires et de locataires facilitent la tâche aux malfaiteurs. Ils laissent les portes et les fenêtres déverrouillées, le jeu de clefs dans la serrure intérieure de la porte d'entrée et négligent de remiser l'échelle qui peut s'avérer d'une grande utilité aux petits rusés.

N'oublions pas les nombreux propriétaires qui dépensent plus de 1000 $ pour une porte d'entrée mais qui ne trouvent pas justifiée l'installation d'une serrure résistante, à pêne dormant. Remarquez bien que toutes les précautions du monde n'assureront pas la protection des lieux si vous omettez la pose de grilles métalliques aux fenêtres du sous-sol, talon d'Achille de bien des résidences.

Un central de surveillance

L'installation d'un système d'alarme constitue l'élément de protection le plus efficace dans la mesure où il est relié à un central de surveillance qui avise les policiers en cas d'urgence.

Acheter un système d'alarme peu coûteux qui n'est pas relié à un central ne procure pas autant de protection, puisque rares sont les voisins qui réagissent à la suite du déclenchement de la sonnerie d'alerte.

La présence d'un système d'alarme relié à un central signifie toutefois que le particulier doit éviter les distractions lorsqu'il amorce et désamorce son système en quittant et en arrivant à la maison. La police de la Communauté urbaine de Montréal déplore en effet que les fausses alertes comptent pour 98 % des appels reliés aux infractions.

La situation est à ce point dérangeante pour les policiers qu'ils refusent maintenant de répondre aux appels lorsqu'on comptabilise une quatrième fausse alerte pour un même système.

Les bases de tout système

Tout système d'alarme compte les mêmes éléments de base. Il y a le clavier, la boîte de contrôle, les détecteurs magnétiques, le détecteur de mouvement et la sirène.

Les détecteurs magnétiques peuvent êtres fixés sur les portes et les fenêtres. Lorsque le contact entre les deux pièces du détecteur est rompu, un signal est envoyé à la boîte de contrôle qui déclenche alors la sirène installée à l'extérieur. Dans le cas d'un système relié à un central, le signal y est acheminé par les fils téléphoniques. Le préposé tente alors de vérifier la légitimité de l'alerte avant d'en aviser les policiers.

Il peut s'avérer trop coûteux de munir toutes les fenêtres de détecteurs. On a alors recours à l'installation d'un détecteur de mouvement qui, mis dans un coin de la pièce, balaie l'espace de rayons infrarouges ou d'ultrasons.

Le cambrioleur qui réussit à pénétrer par l'une des fenêtres est alors facilement repéré par le détecteur de mouvement qui envoie le signal à la boîte de contrôle. Le rayon de balayage des détecteurs de mouvement varie selon les modèles.

Certains systèmes ont un clavier d'entrée de code intégré à la boîte de contrôle. L'appareil est donc installé tout près de la porte d'entrée principale, souvent dans la garde-robe. Certains cambrioleurs futés peuvent aisément neutraliser ce genre de système. Il vaut mieux opter pour un modèle dont la boîte de contrôle est détachée du clavier. Celle-ci est alors installée loin de la vue des cambrioleurs dans un endroit suffisamment éloigné de la porte pour éviter sa neutralisation avant le déclenchement de l'alerte. Le clavier demeure, quant à lui, près de la porte.

L'activation du système peut se faire soit à l'aide d'une clef, soit en introduisant un code numérique pouvant être modifié selon les besoins. Il existe aussi des systèmes plus élaborés permettant l'activation par secteurs. Vous pouvez donc, à partir de votre lit, amorcer le détecteur à mouvement au salon sans amorcer celui qui balaie la cuisine et la salle à manger. Vous ne voulez quand même pas ameuter le quartier à 2 heures le matin si vous décidez de vous faire un sandwich!

En kit et en morceaux

Vous pouvez faire installer votre système d'alarme par une entreprise spécialisée ou acheter les composantes sous forme de kit dans le but de les installer vous-même.

Faites une comparaison des coûts avant d'opter pour le système en kit. Celui-ci ne compte pas toujours la totalité des composantes dont vous avez besoin et le prix des ajouts réduit l'écart avec les produits vendus et installés par les spécialistes.

Les prix

Vous pouvez soit acheter, soit louer votre système de protection. À titre d'exemple, vous pouvez louer un système de base en versant des frais d'installation d'environ 300 $ ou en dépensant environ 600 $ (installation incluse) pour être propriétaire d'un système comparable. On vous demandera environ 40 $ par mois en frais de location et de connexion au central, alors que vous ne paierez que des frais de connexion d'environ 20 $, puisque vous avez déjà payé pour le système.

Des précautions élémentaires

Un système d'alarme, c'est bien dans la mesure où vous vous en servez comme complément à une brochette de précautions élémentaires :

- Avisez vos voisins immédiats de votre départ en vacances.
- Fournissez-leur une liste de personnes avec lesquelles ils peuvent communiquer en cas d'urgence.
- Remisez l'inventaire de photos et de vidéos de vos biens dans un coffret de sûreté.
- Rangez vos bijoux et petits objets de collection en lieu sûr.
- Demandez à un ami ou à une connaissance de visiter les lieux une fois tous les deux jours si possible.
- Assurez-vous que votre police d'assurance habitation est toujours en vigueur et la protection, adéquate.

La serrure ne protège pas tout

Vous vous êtes enfin payé le luxe d'une serrure haut de gamme pour votre porte d'entrée au coût de quelques centaines de dollars, et vous croyez bien qu'elle réussira à repousser les intrus. Peut-être ! Mais qu'est-ce qui les empêche de passer ailleurs ?

En fait, votre maison est probablement plus vulnérable que vous ne le pensez. J'ai moi-même réussi à m'introduire dans la maison d'un collègue journaliste qui avait oublié ses clefs à son travail. À son grand étonnement d'ailleurs, et ce, en moins de deux minutes sans rien briser. Alors, imaginez les talents du professionnel !

Un fléau

La fréquence des vols par effraction varie selon les quartiers. Les secteurs centraux de la ville où l'on dénombre une quantité grandissante de piqueries et de maisons de revendeurs de drogues subissent avec la même intensité, l'année durant, les assauts des cambrioleurs. En fait, dans les postes de quartier de la police, on connaît la densité des vols à proximité des immeubles à «problèmes». Le lien est facile à comprendre, puisque les auteurs des vols espèrent revendre leur butin dans le but d'acheter de la drogue.

En banlieue où la criminalité ne revêt pas la même forme, les cambrioleurs se montrent particulièrement actifs au cours des périodes de vacances d'hiver et d'été ainsi que la rentrée d'automne.

Les cambrioleurs, lorsqu'ils sont pris sur le fait ou reconnus coupables à la suite d'une enquête policière (s'il y a enquête) ne sont que rarement retirés de la circulation. Puisqu'ils sont en majorité des mineurs, les tribunaux se montrent peu disposés à les incarcérer. La main-d'œuvre criminelle est donc abondante et, donc, de plus en plus expérimentée.

Plusieurs voies d'accès

Vous seriez étonné de savoir à quel point la plupart des résidences sont vulnérables aux cambriolages.

Bon nombre de portes-fenêtres, même lorsqu'elles sont verrouillées, peuvent facilement être soulevées de leurs rails à l'aide d'une pelle à bout carré. Pour ce qui est des petites fenêtres coulissantes du sous-sol, c'est un jeu d'enfant. À l'aide d'un marteau et d'un tournevis, on enfonce la pointe à la hauteur de la serrure.

C'est encore plus facile lorsque ce type de fenêtre n'est pas verrouillé. Il suffit alors de soulever chacun des panneaux en vitre de son rail et de les tirer vers l'extérieur.

Les fenêtres à guillotine n'ont qu'à être cassées vis-à-vis de leur loquet pour permettre l'entrée du cambrioleur.

***

Voici, en résumé, ce qu'il faut prévoir pour vous éviter tout désagrément. En plus d'une bonne serrure :

- fixez des grilles protectrices aux fenêtres du sous-sol ;
- installez un verrou au bas de la porte-fenêtre ;
- assurez-vous que vos vieilles fenêtres à guillotine en bois n'accusent pas de jeu entre les panneaux vitrés ;
- munissez vos prises électriques du rez-de-chaussée d'une minuterie d'éclairage ;
- équipez votre maison d'un système d'alarme relié à un central.

Êtes-vous suffisamment protégé ?

De nombreux propriétaires et locataires sont insuffisamment assurés. Dans la plupart des cas, ils le découvrent trop tard, habituellement le lendemain même du sinistre. Les pertes peuvent alors s'élever à des milliers de dollars, puisque la plupart des gens sous-estiment la valeur réelle de leurs avoirs totaux. La meilleure façon d'éviter cette situation consiste à bien s'assurer et à réviser chaque année le contenu de sa police.

Avant toute chose

Avant de contracter une police d'assurance, il faut avant tout définir ses besoins, c'est-à-dire déterminer le montant de protection adéquat. Pour ce faire, vous devez absolument dresser l'inventaire complet de vos biens. Procédez pièce par pièce en décrivant le bien, en notant son prix d'achat et son coût approximatif de remplacement. Le Bureau d'assurance du Canada distribue un formulaire type pouvant vous faciliter la tâche. Afin de bien faire les choses, vous prendrez ensuite des photos de tous ces biens. Ces éléments de preuve accéléreront le processus de réclamation et vous aideront à négocier un règlement satisfaisant. Le tout, inventaire et photos, devrait être remisé à l'extérieur de la maison, idéalement dans un coffret de sûreté bancaire.

La valeur de l'immeuble

N'étant pas propriétaires de l'immeuble dans lequel ils vivent, les locataires n'ont qu'à assurer leurs biens. Le propriétaire occupant de la maison unifamiliale ou du duplex doit, quant à lui, protéger non seulement le contenu de sa maison, mais aussi la maison elle-même.

Le montant de protection dont il a besoin n'est aucunement lié à la valeur marchande de sa propriété. Le prix du terrain, comptabilisé dans le calcul de la valeur marchande, est toujours exclu des contrats d'assurance. De plus, la valeur marchande ne reflète pas nécessairement le prix qu'il faut payer pour reconstruire une maison déclarée «perte totale» à la suite d'un sinistre. Les assureurs se reportent plutôt à la notion de «valeur de reconstruction» pour déterminer le montant de protection approprié, valeur déterminée à l'aide d'une grille de référence tenant compte du type de construction, du quartier, des services d'incendie municipaux et des caractéristiques propres à la construction.

En règle générale, il faut que la maison soit assurée pour au moins 80 % de sa valeur de reconstruction si le propriétaire désire se faire rembourser la totalité des dommages causés par un sinistre. Dans les faits, de plus en plus d'assureurs exigent une protection représentant jusqu'à 90 % de la valeur de reconstruction.

Si vous ne respectez pas la règle proportionnelle exigée par l'assureur, cela risque de vous coûter cher. Voyons le cas d'une maison dont la valeur de reconstruction est de 100 000 $ et la protection n'est que de 50 000 $. Supposons que l'assureur exige que la maison soit assurée pour 80 % de sa valeur, soit 80 000 $, pour que les dommages soient remboursés en totalité. Dans cet exemple, l'assureur pourrait ne rembourser que les cinq huitièmes des pertes, la différence devant être comblée par le propriétaire lui-même.

Un bon agent ou courtier peut déterminer pour vous la valeur de reconstruction de votre maison. Avec le temps, la hausse du coût des matériaux et de la main-d'œuvre provoquera une augmentation du coût de reconstruction. Bon nombre de polices contiennent une clause d'indexation automatique permettant d'ajuster le montant de votre protection à la hausse des coûts. En l'absence d'une telle clause, il faut réviser soi-même chaque année le montant de sa protection.

La responsabilité civile

Les locataires comme les propriétaires doivent se prémunir contre les poursuites en responsabilité civile, c'est-à-dire les torts créés à la propriété et à autrui. En règle générale, tous les contrats d'assurance prévoient une protection minimale de 100 000 $. Il en coûte de 3 $ à 5 $ de plus par tranche de 100 000 $ pour une protection additionnelle. De nombreux courtiers conseillent une protection «raisonnable» d'au moins 300 000 $.

Les types de polices

Il existe en fait quatre grandes catégories de polices d'assurance : le contrat incendie, le contrat multirisque des propriétaires occupants, le contrat multirisque des locataires et le contrat multirisque des copropriétaires.

Le contrat incendie protège non seulement contre le feu, mais aussi contre les pertes dues aux explosions, aux chocs, à la foudre, au vandalisme, aux ouragans et à la fumée. Ce type de contrat n'accorde aucune protection contre le vol.

Les propriétaires de maisons optent en quasi-totalité pour le contrat multirisque du propriétaire occupant. Ce contrat protège non seulement contre les pertes attribuables aux incendies, mais aussi celles découlant d'un vol ou d'une poursuite en responsabilité civile. Une seule prime suffit à toutes ces protections. Pour assurer les bijoux, les collections et autres objets de valeur, il faut, dans la plupart des cas, souscrire un avenant ou une assurance «flottante» pour lequel vous serez facturé en supplément.

Les locataires, quant à eux, peuvent contracter une police multirisque conçue expressément pour eux qui limite la protection à leurs biens et à la responsabilité civile.

Le locataire n'est pas dans l'obligation de détenir une police d'assurance sur ses biens. L'acheteur d'une maison, lui, se voit habituellement imposer cette obligation par son prêteur hypothécaire. Il n'en demeure pas moins que le locataire trouvera toujours plus profitable de souscrire une assurance à moins, bien sûr, qu'il ne juge avoir les moyens d'encaisser seul les pertes causées par un sinistre.

Les primes exigées du locataire ne sont pas tellement moins élevées que celles demandées au propriétaire. Cette anomalie est attribuable au facteur de risque associé à la vie en logement. L'assureur juge qu'il y a plus de probabilités qu'un sinistre se déclare dans un immeuble où vivent douze familles que dans une maison unifamiliale occupée par un seul ménage.

Les nouvelles polices multirisque copropriétaires ont été conçues pour répondre aux besoins particuliers des acheteurs de condos. La loi québécoise oblige l'association des copropriétaires à assurer l'immeuble. Chacun des copropriétaires doit, de son côté, souscrire une police individuelle qui protège le contenu de son unité. Les copropriétaires ont le droit de combler les lacunes de l'assurance collective en souscrivant une protection individuelle accrue. Il est donc très important que les copropriétaires prennent connaissance du contenu de la police collective avant de définir le montant de protection de leur police individuelle. De plus, il faut s'assurer que les éléments qui ne font pas partie de la police collective sont inclus dans la police du copropriétaire. C'est souvent le cas pour ce qui est des armoires de cuisine et des améliorations apportées à l'unité.

Chez qui l'acheter?

Vous avez le choix d'acheter votre police chez un agent ou un courtier. Un agent d'assurances représente un seul assureur. Il y en a plus de 250 au Québec. Un courtier, quant à lui, vend les produits de plusieurs compagnies d'assurances, ce qui vous offre un plus grand choix.

Un bon courtier doit pouvoir vous aider à opter pour la police la mieux adaptée à votre situation. Ne choisissez surtout pas votre assureur en vous reportant uniquement au montant de la prime. Il faut plutôt se préoccuper de la qualité du service et du temps qu'il faut à l'assureur pour régler un dossier de réclamation. Votre courtier et vos amis sont, dans ce cas, les personnes qui pourront vous indiquer les compagnies ayant les meilleures et les pires réputations à ce sujet.

Le montant de la prime

L'importance des primes varie beaucoup d'un assureur à l'autre pour des contrats qui semblent à première vue identiques. Le montant de la franchise («déductible»), la présence d'avenants, la santé financière de l'assureur et le montant de la protection accordée sont les principaux éléments qui expliquent les différences de primes d'une compagnie à l'autre. Il faut donc examiner attentivement le contenu des polices qui vous sont offertes.

Rien ne vaut une bonne ventilation !

Bon an, mal an, des milliers de propriétaires se plaignent de la mauvaise qualité de l'air dégagée par leur maison dès les premiers grands froids. Si l'apparition de condensation en constitue souvent la manifestation la plus criante, il n'en demeure pas moins que l'air vicié provoque des problèmes nettement plus incommodants. D'où la nécessité d'assurer la mise en place d'un système de ventilation mécanique lorsque la nature même de la maison ne suffit pas à assurer un renouvellement d'air acceptable.

Une maison s'apparente en quelque sorte à un gros poumon et, de ce fait, doit respirer, c'est-à-dire qu'elle doit pouvoir être en mesure d'aspirer de l'air frais et d'expulser son air vicié. Ce n'est qu'un renouvellement régulier et constant de l'air qui évite aux occupants de subir les contrecoups d'un air vicié.

Ne soyez pas étonné si vous vivez dans une maison mal ventilée et que les membres de votre famille se plaignent d'irritations de la gorge, des yeux et autres, ont des allergies et sont sujets à la toux.

Le manque de ventilation signifie que toutes les saletés normalement incluses dans l'air ne peuvent être évacuées. Il y a inévitablement accumulation de poussières, d'acariens, de polluants, de graisse, de fumée et de poussières de bois.

Les effets sur la santé peuvent être fort désagréables, ce qui aggrave notamment le cas des enfants asthmatiques.

La détérioration des matériaux

Le manque de ventilation est un phénomène davantage remarqué dans les maisons de construction récente très étanches que des maisons plus âgées qui laissent infiltrer et fuir l'air comme une passoire. C'est avant tout la présence d'un coupe-vapeur qui rend la maison récente semblable à un sac de plastique.

Si la maison étanche ne peut évacuer son air, elle ne peut non plus évacuer l'humidité que contient ce même air. Celle-ci devient alors rapidement excessive. C'est ainsi que les propriétaires déplorent la présence de condensation, voire de glace sur les fenêtres. Même sans provoquer de condensation, l'humidité excessive peut tout de même entraîner la détérioration des matériaux, surtout sur les cadres de fenêtres et à l'intérieur de l'entretoit.

Des solutions mitigées

Même la maison la plus étanche est en mesure d'évacuer une certaine quantité d'air vicié. Faire fonctionner la hotte de la cuisinière ainsi que le ventilateur de la salle de bains suffit, dans le meilleur des cas, à évacuer les saletés de cuisson et l'humidité excessive de ces pièces. Dans la mesure cependant où les appareils en question sont le moindrement performants et ne sont pas des produits bas de gamme achetés au plus bas prix !

Il est illusoire d'utiliser ces appareils comme principale source de renouvellement d'air dans une maison. D'une part, parce qu'ils sont insuffisamment puissants et, d'autre part, parce qu'ils ne font qu'évacuer l'air sans le remplacer par un apport d'air frais.

Le fait d'évacuer l'air vicié de la maison ne suffit pas, en effet, à en assurer le renouvellement automatique. Au contraire, vous risquez plutôt de créer un phénomène de pression négative. Un peu comme le sac de papier qui s'affaisse lorsqu'on en aspire l'air, la maison subit elle aussi une pression vers l'intérieur lorsqu'on se contente de simplement évacuer l'air vicié. Il y a alors pression sur les matériaux, un phénomène qui, en théorie, atténue leur résistance.

Rassurez-vous, la maison ne s'effondrera pas pour autant. L'inconvénient principal de la pression négative tient plutôt au refoulement d'air que l'on constate du côté du foyer et du poêle à bois. La fumée a alors tendance à refouler à l'intérieur des pièces plutôt qu'à remonter à l'intérieur de la cheminée comme il se doit.

Des solutions peu coûteuses

Toutes les maisons ne présentent pas le même degré d'étanchéité. Les solutions pour le renouvellement de l'air peuvent donc varier d'une propriété à l'autre. À cet égard, une vieille maison, pleine d'interstices et de sources d'infiltrations autour des portes et des fenêtres, n'exige pas une solution aussi complexe ou coûteuse que dans le cas de la maison neuve superétanche. Une maison ainsi ouverte aux vents ne souffre que très rarement d'humidité excessive. Il est plutôt question de présence de polluants et d'un excès d'irritants pour les personnes ayant des troubles respiratoires.

Installer un échangeur d'air et se débarrasser des sources irritantes telles que les tapis, les moquettes, les plantes et les animaux de peluche suffit, dans la plupart des cas, à atténuer le problème de la qualité de l'air.

Les solutions à une mauvaise qualité de l'air dans une maison étanche s'avèrent plus nombreuses et plus ou moins efficaces selon le cas.

Les personnes qui déplorent la présence d'humidité excessive et de la condensation qui en résulte doivent tout d'abord corriger certaines habitudes de leur ménage. Les adolescents prennent-ils trop de douches? La maison est-elle remplie à craquer de plantes dont les pots regorgent d'eau? La hotte de la cuisinière et le ventilateur de la salle de bains sont-ils suffisamment puissants pour suffire à la demande pour laquelle ils ont été conçus?

Il faut aussi prendre certaines précautions de façon à s'assurer que vos fenêtres ne présentent pas une surface plus froide que nécessaire. Rappelons que c'est sur les surfaces les plus froides que se dépose l'humidité excessive sous forme de condensation.

Plus la surface vitrée est chaude, moins elle présente de condensation. C'est d'ailleurs pour cette raison que les problèmes de condensation sont plus fréquents sur des fenêtres à simple vitrage que sur des modèles à double ou à triple vitrage scellé de type thermos.

En sachant cela, évitez donc de garder les stores complètement fermés pendant la nuit si vos fenêtres sont sujettes à la condensation. Dans plusieurs cas, la chaleur dégagée par une plinthe ou par une sortie d'air située dans le plancher ne réussit pas à atteindre la surface des vitres parce qu'elles demeurent fermées par des stores.

Une question de sous

Si le problème de qualité de l'air et de condensation persiste malgré les précautions et les correctifs mentionnés précédemment, vous devrez vous résoudre à consacrer quelques sous à l'achat d'un système de ventilation mécanique.

Les maisons peu étanches peuvent éliminer une partie du problème d'humidité excessive en étant munies d'un ventilateur statique ou mobile sur la toiture. Ces appareils présentent toutefois le désavantage de travailler de façon aléatoire. En effet, leur fonctionnement est manuel et non relié de façon automatique au taux d'humidité. Les modèles mobiles, à turbine, sont de plus soumis aux aléas du temps, leur performance étant limitée en l'absence de vent.

Des appareils de qualité

La qualité d'air de votre maison sera nettement améliorée si vous optez pour un appareil plus sophistiqué que les ventilateurs statiques, mobiles ou les extracteurs d'air.

Il s'agit ici d'échangeurs d'air et d'échangeurs de chaleur. Le fait d'opter pour l'un ou l'autre dépend essentiellement de votre budget, de la vitesse de renouvellement souhaitée et de la nature des problèmes vécus par les membres de votre famille.

L'échangeur d'air évacue l'air vicié de la maison et l'humidité qu'il contient. L'air expulsé est remplacé par un apport d'air frais provenant de l'extérieur. La maison ne subit donc pas l'effet de pression négative.

En contrepartie, l'air frais qui pénètre dans la maison au cours de l'hiver est froid, très froid. Le fonctionnement de l'appareil entraîne donc des pertes énergétiques, puisque l'air vicié expulsé contient aussi de la chaleur. C'est d'ailleurs pour cette raison que le renouvellement complet de l'air de la maison peut exiger jusqu'à six ou sept heures afin d'éviter un refroidissement excessif de la maison.

Pour pallier cette lacune, les mêmes fabricants offrent des échangeurs de chaleur. Ces appareils ont la propriété de récupérer une partie de la chaleur contenue dans l'air expulsé et de la transférer à l'air frais provenant de l'extérieur. Les pertes énergétiques sont alors maintenues au minimum. Le renouvellement de l'air de la maison peut s'effectuer en moins de trois heures. Vous avez donc intérêt à opter pour l'échangeur de chaleur si votre famille compte des asthmatiques. Les polluants qui les irritent sont ainsi expulsés beaucoup plus rapidement qu'avec tout autre type d'appareil.

L'achat et la pose d'un échangeur de chaleur coûtent de 1200 $ à 1400 $ pour une maison de type cottage d'une superficie de 1800 pieds carrés.

Pour un achat réfléchi d'une génératrice

Au lendemain de la tempête de verglas, les sinistrés se sont mis à acheter des génératrices avec une ferveur qui n'avait d'égal en intensité que le froid ressenti à l'intérieur de leurs maisons. La chasse était ouverte. Certains faisaient la file devant des quincailleries américaines, alors que d'autres achetaient des appareils poussiéreux vendus par un badaud qui en ignorait même le fonctionnement.

Les génératrices dont l'usage était depuis fort longtemps chose courante dans les fermes et les usines voyaient ainsi leur marché s'agrandir du côté résidentiel.

Cependant, l'urgence de la situation, conjuguée à l'ignorance entretenue par le consommateur moyen face à ces appareils, a provoqué de nombreuses situations malheureuses: incendies, intoxications, défectuosités, moteur brûlé, disjoncteurs sautés, etc. Avant de procéder à l'achat d'une génératrice neuve ou d'occasion en prévision de l'inévitable panne, il vaut mieux se familiariser avec les critères de sélection qui suivent.

L'usage

Les petites génératrices, présentes dans le marché résidentiel depuis déjà une quinzaine d'années, sont avant tout conçues pour des fonctions de dépannage (sports et loisirs). Il ne faut donc pas s'étonner des bris survenus après huit ou dix jours de fonctionnement continu. Heureusement, le choix d'un appareil de qualité, jumelé à un usage et à un entretien soignés, permet néanmoins de vous mettre à l'abri de la plupart des inconvénients reliés à un manque d'électricité.

Les fonctions

Les génératrices habituellement utilisées pour les sports et les loisirs peuvent remplacer votre approvisionnement chez Hydro Québec dans la mesure où vous consentez quelques sacrifices. Il ne faut donc pas espérer continuer à alimenter toutes les plinthes électriques de la maison, cuire la dinde au four et allumer en même temps toutes les lumières de la maison !

Par contre, il est possible d'obtenir tout le confort dont on profite en temps normal en planifiant adéquatement l'achat de votre génératrice stationnaire tout comme vous le feriez pour l'achat d'une piscine ou d'une thermopompe.

Votre système central

La puissance de votre génératrice variera selon votre niveau de confort, mais aussi selon que votre système de chauffage soit à plinthes électriques, au mazout ou au gaz. Les systèmes au gaz ou au mazout peuvent être complètement autonomes de l'alimentation en électricité. Dans le cas contraire, ces systèmes ont besoin d'une alimentation minimum pour démarrer les pompes, les régulateurs et les autres accessoires. N'espérez pas trouver à prix modique une génératrice capable de remplacer la puissance totale de vos plinthes électriques. Une plinthe exige, selon les modèles, de 1000 watts à 2000 watts pour fonctionner. Une dizaine de plinthes fonctionnant toutes en même temps requiert donc une génératrice d'une capacité minimale de 16 kilowatts (8×2000 watts).

La puissance

La puissance d'une génératrice est établie en fonction du nombre de kilowatts qu'elle est capable de produire. En guise de référence, rappelez-vous que l'énergie nécessaire à l'alimentation d'une dizaine d'ampoules de 100 watts équivaut à une puissance de 1 kilowatt.

La puissance de votre génératrice varie selon le degré de confort souhaité, mais aussi selon les installations énergétiques existantes.

Par exemple :

- Votre maison est dotée d'un foyer à combustion contrôlée et votre système électrique est à plinthes. Vous pourrez alors vous débrouiller convenablement avec une génératrice d'une puissance de 5 kilowatts à 6 kilowatts. Le foyer sert alors de source de chauffage principale alors que la génératrice alimente un rond de cuisson, le réfrigérateur, l'éclairage et quelques appareils électriques dont le réservoir à eau chaude.

- Votre système central est au gaz ou au mazout et vous n'avez aucun poêle ou foyer. Encore dans ce cas-ci, l'achat d'une génératrice de 5 kilowatts à 6 kilowatts suffira à faire fonctionner votre système tout en alimentant le réfrigérateur et un rond de cuisinière électrique. Les besoins sont évidemment moindres si votre chauffe-eau et votre cuisinière fonctionnent au gaz.

La qualité

Toutes les génératrices, même à puissance égale, ne sont pas forcément de la même qualité.

Les appareils bas de gamme sont démunis d'un contrôle de ralenti. La vie du moteur est donc écourtée, puisqu'il fonctionne toujours à 3600 tours, même en absence de charge. Ce produit de qualité inférieure n'a pas de moteur en fonte, génère beaucoup plus de bruit et présente un réservoir des plus petits. On le repère vite sur le plan visuel, car sa construction et la rigidité de son cadre laissent de toute évidence à désirer.

Le démarrage électrique à batterie est sans doute l'une des caractéristiques les plus pratiques. La génératrice non seulement démarre, mais l'opération se fait aussi sans avoir à tirer fortement sur une corde comme c'est notamment le cas avec les tondeuses à essence.

Les prix

Pour une résidence, il n'est pas nécessaire d'opter à tout prix pour un appareil haut de gamme destiné plutôt aux usages commerciaux. Il y a moyen d'obtenir pour moins de 4500 $ un appareil de bonne qualité de gamme intermédiaire qui non seulement répond à vos besoins mais qui, de plus, offre une durabilité pouvant s'étirer sur plus de 20 ans lorsqu'il est bien entretenu et utilisé uniquement en cas de panne. Notez que d'autres frais reliés au raccordement de votre génératrice peuvent s'ajouter à la facture. En effet, une installation sécuritaire, conforme aux exigences de votre assureur, exige le recours à un maître-électricien. Que l'appareil choisi soit de type portable ou stationnaire, la sécurité de votre famille justifie les services de cet expert qui viendra raccorder la génératrice au système électrique de la maison.

L'entretien et le carburant

Les génératrices portables pour les sports et les loisirs sont alimentées à l'essence. Les modèles stationnaires qui, eux, ne sont pas portables sont alimentés au diesel, au gaz naturel ou au gaz propane. L'utilisation d'un modèle à essence vous astreint cependant à un minimum de précautions, puisqu'il ne faut jamais remplir le réservoir lorsque l'appareil est en marche. Cette erreur a provoqué de sérieux dommages à plusieurs au cours de la crise du verglas. Il est conseillé de vérifier le niveau de l'huile dans l'appareil portatif chaque fois que vous procédez à son remplissage, sans quoi vous risquez de brûler le moteur et de vous retrouver à nouveau dans le froid et la noirceur.

Où acheter une génératrice?

Les restaurants et les tabagies étaient probablement les seuls commerces à ne pas s'improviser vendeurs de génératrices au cours de la crise du verglas. On a donc assisté à tous les types d'excès, du mécanicien qui tenait des encans au beau-frère qui s'approvisionnait aux États-Unis pour effectuer la revente à gros prix dans un stationnement de centre commercial. Sans compter certaines quincailleries qui ont vendu quantité d'appareils bas de gamme à des consommateurs profanes. L'expérience démontre qu'il vaut toujours mieux choisir votre appareil chez un spécialiste qui non seulement connaît tous les produits sur le marché, mais qui, de plus, est en mesure d'assurer l'entretien, la réparation et le remplacement de pièces lorsque les circonstances l'exigent.

Comme pour une auto, l'inspection saisonnière de votre maison s'impose!

Il n'y a rien de plus bête que de voir votre toiture couler en plein mois de janvier, ou de constater, à la même période, que le système de chauffage est déficient ou que les fenêtres se remplissent de condensation. Si vous ne vous reconnaissez pas des talents d'inspecteur, alors faites appel à un professionnel. Un peu comme votre médecin de famille que vous consultez une fois l'an, l'inspecteur vous dressera un portrait de la santé de votre maison et vous indiquera ses forces et ses faiblesses.

L'inspection saisonnière

La plupart des inspecteurs commencent leur examen au sous-sol, soit la pièce où l'on note le plus d'éléments révélateurs de problèmes existants et potentiels. L'état des murs des fondations préoccupe en tout premier lieu l'inspecteur qui cherche à savoir s'il y a oui ou non une infiltration, des fissures importantes, des suintements ou de la condensation à l'arrière de la charpente des murs extérieurs.

Dans le cas de maisons plus anciennes ou ancestrales, il s'attardera à l'état du mortier séparant les blocs de béton ou des pierres des champs composant les fondations. Seul l'inspecteur compétent est en mesure de constater si les blocs de béton servant de fondations sont appropriés à cet usage.

Toujours au sous-sol, il examinera l'état du plancher et des poutrelles de soutien. Dans ce dernier cas, il vous indiquera si elles sont pourries et vous informera du coût approximatif de leur remplacement s'il y a lieu.

L'inspecteur est aussi la personne toute désignée pour déterminer si le fléchissement du plancher du rez-de-chaussée est causé par une déformation de la poutrelle centrale ou si le problème n'est pas plutôt provoqué par un léger affaissement du sol. Une erreur d'évaluation du problème risque fort de causer de gros désagréments, puisque l'affaissement peut coûter jusqu'à 30 000 $ à corriger et limiter grandement la facilité de revente éventuelle de la propriété.

Un p'tit tour à l'extérieur

Le toit constitue en quelque sorte le chapeau de la maison et son état détermine une bonne partie du confort dont profitent ses occupants. Toutefois, pour s'assurer du bon état de la toiture, il faut non seulement arpenter sa surface, mais se rendre aussi à l'intérieur de l'entretoit vérifier la présence possible de taches d'humidité et de pourriture.

Le propriétaire, inspecteur amateur, n'aime pas habituellement se rendre dans l'entretoit. L'endroit est excessivement chaud en été ou excessivement froid en hiver. L'inspecteur professionnel a l'habitude de ce type de travail et cela ne le rebute pas.

Une dépense rentable

Même si les tarifs des inspecteurs varient d'un professionnel à un autre, il faut habituellement dépenser entre 200 $ et 300 $ pour faire examiner une propriété unifamiliale. Le coût est évidemment moins élevé lorsque le client se contente d'un simple rapport verbal plutôt qu'un rapport écrit. L'accessibilité aux lieux, l'emplacement de la maison ainsi que sa taille sont d'autres éléments pouvant affecter le prix de l'inspection.

L'EXTÉRIEUR

Aménager étape par étape une maison neuve

Les maisons nord-américaines, contrairement aux autos japonaises, sont habituellement livrées avec le minimum d'artifices et d'options. Il y manque habituellement la clôture, la piscine, l'aménagement paysager, le sous-sol fini et autres composantes et accessoires.

Faute de temps et de budget, la plupart des propriétaires ne peuvent combler tous ces besoins dès leur arrivée dans leur résidence neuve. D'où la nécessité de planifier la réalisation de toutes ces améliorations sur une période pouvant s'étaler sur deux, voire trois ans.

L'acheteur d'une maison neuve comme existante doit, dès les premiers mois de son arrivée, faire face à des dépenses à la fois importantes et inévitables : frais de déménagement, assurance hypothécaire, taxe de mutation, notaire, ajustement de taxes, etc.

À ces coûts s'ajoute l'obligation de s'adapter à la responsabilité financière accrue que représente une nouvelle hypothèque dans le cas des premiers acheteurs ou d'une hypothèque majorée dans le cas des deuxièmes et troisièmes acheteurs. Cette adaptation peut prendre plusieurs mois, voire toute une année, une période pendant laquelle le propriétaire évitera les dépenses excessives qu'il peut autrement contrôler en décidant du jour où il les réalisera. C'est dans une telle perspective qu'il faut savoir discerner les améliorations et les ajouts qui s'avèrent les plus pressants.

Les premiers mois

Les gouttières

Toutes les maisons neuves ne sont pas munies de gouttières, quoique tous les architectes en dictent la nécessité. Les gouttières ont pour fonction de diriger l'écoulement de l'eau de pluie de façon à l'éloigner des fondations et à limiter ainsi les possibilités d'infiltrations au sous-sol.

Il est donc suggéré d'en faire installer le plus tôt possible suivant l'arrivée dans votre nouvelle maison. Malheureusement, beaucoup de propriétaires remettent leur acquisition à plus tard, sous prétexte qu'il y a des dépenses plus pressantes.

Le coût des gouttières est avant tout fonction de la largeur de la façade et du nombre de pentes de la toiture. Il faut compter un minimum de 1000 $ à ce sujet.

Le terrassement

De plus en plus d'entrepreneurs livrent leurs maisons avec un terrassement minimum, soit le nivellement du terrain et la pose de la tourbe. Les propriétaires qui acquièrent une maison dont le coût n'inclut pas le terrassement doivent s'empresser d'y poser la tourbe avant l'hiver. À défaut de quoi l'arrivée du dégel printanier transformera le terrain en amas de boue informe et salissante, puisque vous entraînerez forcément à l'intérieur une partie des saletés extérieures. Il faut prévoir au moins 4000 $.

Le rangement des outils

Les maisons neuves possèdent rarement un accès direct au sous-sol par l'extérieur. Le carré plus restreint des maisons y rend aussi plus difficile l'aménagement d'aires intérieures de rangement.

Il est donc utile d'acquérir, peu de temps après votre arrivée dans les lieux, un cabanon de jardin dans lequel vous rangerez les meubles extérieurs, les outils, la tondeuse, la déneigeuse et les produits inflammables. Il faut toutefois éviter de l'installer dans un endroit qui n'est pas conforme aux règles municipales tout en respectant les possibles servitudes de Bell, d'Hydro Québec et de Gaz Métro. Toutes les municipalités dictent les règles d'emplacement des bâtiments secondaires. Vous pouvez prendre connaissance de ces normes en vous adressant à l'hôtel de ville ou à la division «Zonage et permis» de votre municipalité.

Les villes dictent aussi la dimension et la hauteur maximales du cabanon. Il n'est donc pas question d'acheter ou de faire construire une remise de 16 pieds sur 20 pieds qui sera accolée sur la ligne mitoyenne.

Les prix des cabanons varient de 1500 $ à 2000 $ selon leur dimension et le mode d'assemblage des murs et du plancher. La présence d'une fenêtre ouvrable et d'une porte avec serrure intégrée influence aussi le prix.

Après un an d'attente

La piscine avant l'entrée d'auto

La terre ceinturant les nouvelles maisons est souvent une terre dite de remplissage. De ce fait, elle contient encore beaucoup d'air et exigera au moins un an avant de se compacter. Cette constatation ne modifie en rien les projets du propriétaire qui souhaite installer une piscine hors sol, puisque celle-ci n'exige aucune excavation profonde. Ce qui n'est pas le cas lorsqu'on prévoit installer une piscine creusée. Le propriétaire empressé qui souhaite en jouir dès la première année doit s'assurer que l'installateur tiendra compte de la nature et de la composition du sol, sans quoi la piscine pourrait «travailler» et provoquer maints inconvénients coûteux à réparer.

En admettant que le propriétaire puisse installer sa piscine selon les règles de l'art, il doit prévoir un passage pour le camion qui transportera la terre excavée. Le passage le plus évident est souvent en droite ligne avec l'entrée d'auto située dans une des marges latérales de la propriété. Il faut alors éviter d'aménager son entrée d'auto, qu'elle soit en pavés ou en asphalte, avant la mise en place de sa piscine creusée. Le poids lourd du camion pourrait en effet déformer la surface de l'entée et vous obliger à reprendre le travail.

L'entrée d'auto peut attendre

Une entrée d'auto en asphalte peut coûter 2000 $ et celle en pavés imbriqués 4000 $ et plus. Tout cela pour stationner votre auto qui, elle, ne fait pas de distinction entre l'un et l'autre des matériaux. Vous comprendrez donc que l'aménagement de l'entrée n'a pas la première priorité parmi tous les travaux à effectuer.

Attention au propriétaire qui manifeste une certaine impatience à voir son entrée asphalter à la suggestion d'un entrepreneur en pavage, qui lui propose de recouvrir le gravier déjà en place par une couche d'asphalte supposée très résistante. Tout cela à prix d'aubaine, évidemment! Il faut savoir que la pose efficace d'une entrée d'asphalte exige une excavation pouvant atteindre 8 pouces selon la composition du sol. Il n'est donc pas question d'épandre de l'asphalte sur une surface de gravier mise en place par le constructeur. L'effet du gel et du dégel sera dévastateur au printemps. La surface accusera des déformations, des fissures et des bombements. Il restera au propriétaire de tenter de retrouver l'entrepreneur en pavage qui aura depuis longtemps quitté le quartier.

Le sous-sol en toute saison

Il n'y a pas de consensus quant à la période devant s'écouler avant d'aménager son sous-sol. Certains, dont de nombreux architectes, suggèrent d'attendre au moins un an avant de le finir, soit une période suffisamment longue pour permettre à l'eau contenue dans les fondations de s'évaporer. On profite aussi de cette période pour noter tout problème d'infiltration causée par un béton ou un coulage défectueux. Il est en effet plus difficile de déceler les problèmes d'infiltration et d'y apporter les correctifs appropriés lorsque tous les murs du sous-sol sont fermés et que le sol est couvert d'un faux-plancher.

Cela dit, l'aménagement du sous-sol peut s'effectuer en toute saison, mais il est néanmoins bien adapté aux travaux d'automne. Les disponibilités sont plus grandes et les travaux faits à l'intérieur ne sont jamais retardés ou remis en cause par les aléas de la température.

Attendre pour une touche de couleur

L'entrepreneur a évidemment peint toutes les pièces avant de livrer la maison à son client. Le travail se fait souvent au fusil à pression et la teinte apposée est le blanc ou le blanc cassé.

Le nouveau propriétaire n'a pas intérêt à tout repeindre d'une teinte à la mode dès son arrivée dans les lieux. La peinture blanche apposée par l'entrepreneur vient couvrir des feuilles de placoplâtre neuves, un matériau très poreux qui se trouve à absorber une bonne partie de la peinture de façon que les surfaces dégagent après quelques mois une teinte légèrement plus grisâtre que lors de leur recouvrement.

Il en va de même si le propriétaire opte dès le départ pour une peinture de couleur en remplacement de la peinture blanche proposée par le constructeur. La teinte perdra forcément de son éclat dès la première année.

C'est aussi au cours de la première année suivant la construction que le propriétaire constatera le retrait des matériaux relié à leur assèchement. Le bois de la charpente, en séchant, peut provoquer le bris des joints des feuilles de placoplâtre. Il ne faut pas voir là un défaut de construction, mais plutôt un phénomène normal.

Vu l'apparition inévitable de ces petites fissures, il vaut mieux attendre au moins un an avant d'apposer des teintes de peinture autres que le blanc. Le propriétaire en profitera par la même occasion pour réparer les surfaces endommagées par l'assèchement des matériaux.

Selon la ville et les voisins : la clôture

La présence d'enfants et d'animaux dans le ménage, la mise en place d'une piscine creusée ou le seul besoin d'intimité militent en faveur de la pose à court terme de la clôture. La volonté des voisins de procéder dès leur arrivée à cette installation peut aussi vous inciter à devancer vos projets afin de profiter des prix plus bas reliés à l'achat en volume du bois et des accessoires.

La clôture : ne vous fiez pas au certificat

Il ne faut jamais se servir du certificat de localisation pour déterminer l'emplacement de la clôture séparant votre propriété de celle du voisin. La distance séparant la maison des lignes du terrain n'y est pas spécifiée de façon exacte. Il devient alors impossible de savoir par où passe la démarcation des propriétés.

Vive la chicane !

Le certificat de localisation n'est pas au sens de la loi un «acte authentique» pouvant servir de preuve devant les tribunaux. Seule la pose de repères métalliques à la suite d'un piquetage est considérée comme une preuve de la délimitation précise d'un terrain. Le piquetage est donc le recours tout indiqué avant de déterminer l'emplacement d'une clôture ou d'une haie.

Il est aussi très utile lorsque le propriétaire prévoit construire un grand patio. Les règlements municipaux spécifient habituellement la distance minimale à respecter entre la structure du patio et la ligne de terrain. Ne pas connaître l'endroit où passe la ligne peut obliger un jour le propriétaire à démonter son patio.

De nombreuses propriétés ont déjà fait l'objet d'un piquetage. Toutefois, les repères métalliques permettant de délimiter la propriété ne sont presque jamais évidents; certains sont enfouis dans le sol alors que d'autres ont tout simplement disparu. Un nouveau piquetage s'avère donc nécessaire avant de construire la clôture ou de planter la haie. Dans le cas d'une maison neuve, l'entrepreneur est en mesure de vous indiquer où se trouvent précisément les piquets aux coins de votre terrain.

Pour un terrain de forme régulière, le piquetage consiste à poser quatre repères métalliques à une profondeur de 30 pouces dans le sol. Ces repères doivent porter le nom de l'arpenteur et la date du relevé. Des repères en bois ou en plastique n'ont aucune valeur juridique.

Les propriétaires demandent parfois à l'arpenteur de ne fixer que deux et non quatre repères, soit uniquement ceux qui permettent de délimiter leur propriété de celle du voisin. Les normes du piquetage exigent toutefois que l'arpenteur pose tous les repères nécessaires, à défaut de quoi l'acte est jugé incomplet. Un peu comme un chirurgien qui, une fois l'opération terminée, négligerait de suturer son patient!

Êtes-vous borné?

Le piquetage ne réussit pas toujours à régler les litiges entre voisins. Souvent, le résultat du piquetage de l'un ne concorde pas avec celui de l'autre. Il faut donc avoir recours au bornage, une opération en partie semblable au piquetage.

Le bornage peut être demandé en faisant parvenir une mise en demeure au voisin avec lequel il y a mésentente. Les deux voisins doivent alors s'accorder sur le choix d'un seul arpenteur à qui sera confiée la tâche du bornage. Le partage des frais entre les voisins est alors obligatoire.

Au cours du bornage, l'arpenteur ne fait pas que tracer la ligne de démarcation des deux terrains. Il rédige aussi un procès-verbal de la procédure qui, à la suite de discussions avec les parties, doit être signé par chacune et déposé au bureau d'enregistrement.

Très souvent, le résultat du bornage déplaît à un des voisins, qui refuse alors de signer le procès-verbal. La cause doit, dans ce cas, être portée devant un juge de la Cour supérieure à qui on demandera d'approuver le procès-verbal.

Le voisin récalcitrant doit alors se soumettre à la volonté de la Cour et respecter le résultat du bornage. Cette procédure coûte évidemment beaucoup plus cher que le piquetage.

Les dix questions essentielles sur l'aménagement paysager

1 Les gens vont-ils vraiment payer plus cher pour une maison avec un bel aménagement?

En règle générale, les éventuels acheteurs de votre maison hésiteront moins à payer une surprime pour des améliorations d'ordre esthétique que pour des travaux d'ordre pratique, dans la mesure, évidemment, où la facture est raisonnable.

2 Combien faut-il dépenser alors?

Les agents immobiliers et les évaluateurs agréés indiquent que les sommes investies en aménagement paysager ne doivent pas excéder 15 % de la valeur de la propriété. Une maison achetée 150 000 $, terrain inclus, peut donc, sans grand risque financier, être agrémentée d'un aménagement coûtant 22 500 $. Encore faut-il se rappeler que ce budget ne représente pas que des dépenses en fleurs et en arbustes, mais qu'il inclut aussi le coût de la clôture, de la piscine, de l'entrée pavée et du trottoir en pierres.

3 Certains aménagements sont-ils plus populaires que d'autres?

Les produits et les aménagements qui exigent le minimum d'entretien trouvent toujours plus facilement preneur auprès des acheteurs potentiels.

4 Quels éléments peut-on incorporer à un aménagement rentable?

Les travaux d'aménagement paysager revêtent plusieurs formes. La clôture, la plate-bande de fleurs en façade ainsi que la piscine ne sont que trois des éléments les plus répandus.

5 Mon terrain est petit. Quelle est la meilleure façon de le mettre en valeur?

Dans un tel cas, la conception bien planifiée de l'aménagement s'avère plus que jamais indispensable. Il faut éliminer les pertes d'espace et délimiter avec précision les aires de repas, de baignade, d'entreposage et de jardinage.

6 Est-ce plus facile qu'avec un grand terrain?

Il demeure toujours plus difficile d'aménager un petit terrain qu'un plus grand. La personne qui sait intégrer de façon pratique et esthétique le cabanon, la remise, le patio, la piscine, les aires de jeux et de repas maximisera l'appréciation de sa propriété et trouvera, de ce fait, plus facile sa revente éventuelle.

7 L'intimité, est-ce rentable?

L'expérience démontre que tous les éléments paysagers qui permettent d'assurer un minimum d'intimité sont grandement prisés des acheteurs qui n'hésitent pas à payer pour cette nécessité d'antan devenue un luxe d'aujourd'hui.

8 Par où doit-on commencer les travaux?

L'aménagement paysager en façade est le principal élément qui attire la curiosité et qui stimule l'intérêt des éventuels acheteurs.

9 Quelles règles doit-on respecter pour la façade?

Il est facile de dépenser une fortune en végétaux et en éléments de construction lorsqu'on aménage la façade. Si vous tenez à assurer la rentabilité de vos dépenses, c'est donc à cette étape qu'il faut savoir limiter vos ambitions. Rappelez-vous toujours que plus la maison est modeste, plus il y a risque qu'un aménagement élaboré vienne souligner cette caractéristique. Imaginez un peu une maison évolutive payée 80 000 $ à laquelle le propriétaire a greffé une clôture en PVC, une entrée de pavés imbriqués, un système d'éclairage, un muret de béton pour la descente de garage et une plate-bande comptant 200 pieds carrés de végétaux!

10 Comment peut-on limiter les coûts?

Il y a essentiellement deux façons de limiter les coûts de votre aménagement. La première consiste à faire rédiger un plan d'aménagement par un professionnel qui vous coûtera quelques centaines de dollars. Cette dépense est amplement justifiée, sachant qu'elle vous évitera de commettre des erreurs très chères à réparer: l'emplacement des arbres, la densité des végétaux, l'ensoleillement de la piscine et l'harmonisation esthétique de l'ensemble.

Vous réduirez aussi vos coûts en effectuant vous-même certains travaux et plantations, mais en confiant aux experts les tâches plus complexes: les cascades, l'entrée d'auto, les fondations, la piscine et la terrasse de béton.

Les travaux les plus rentables	Fonctions
L'aménagement de la façade	Esthétique
Clôture ou haie	Intimité
Utilisation maximale de l'espace	Utilitaire
Aires d'activités	Utilitaire
Terrasse et patio	Utilitaire
Arrosoir intégré	Utilitaire
Recours aux matériaux contemporains	Entretien
Matériaux inertes dans l'aménagement	Entretien
Système d'éclairage	Esthétique et sécurité
Entrée d'auto double largeur	Utilitaire

Trop d'espace ? Installez-y un court de tennis !

On voit souvent des propriétés avec court de tennis au cinéma et dans les *soaps* américains se déroulant en milieu aisé. Croyez-le ou non, ce n'est pas le prix d'un court qui le rend inabordable, mais plutôt les dimensions du terrain. En fait, l'aménagement d'un court de tennis ne coûte pas plus qu'un gros véhicule utilitaire sport de luxe et offre en contrepartie l'avantage de ne pas se déprécier avec le temps.

On respire l'air pur

Aménager un court de tennis en ville, là où les terrains sont restreints est quasi impensable, car ses dimensions sont de 60 pieds sur 120 pieds (de clôture à clôture) et sa superficie totale excède les 7000 pieds carrés. Il est donc évident qu'une telle installation est davantage adaptée à la campagne, habituellement sur un domaine.

La plupart des installations de courts privés se font dans les Cantons-de-l'Est et dans les Basses-Laurentides. Compte tenu des coûts supérieurs à ceux d'une piscine par exemple, la clientèle de tennis est essentiellement composée de gens d'affaires et d'artistes fortunés. Celle-ci considère la présence d'un court de tennis comme tout aussi essentielle que les propriétaires de banlieue apprécient leur piscine hors sol.

L'emplacement du court sur le terrain dépend essentiellement des goûts du propriétaire. Il doit cependant éviter une installation située trop près d'un plan d'eau et tout endroit inondable où l'eau pourrait endommager les fondations du court et saturer les drains. Le court doit aussi être orienté dans un axe nord-sud afin que la trajectoire du soleil dérange le moins possible le jeu des joueurs.

L'aménagement le plus simple est celui fait sur un terrain plat, à l'endroit le plus accessible du terrain. Cependant, toutes les installations ne répondent pas à cette règle, puisque aucun terrain n'est semblable. L'aménagement d'un court au sommet d'une falaise pose plus de défis que s'il était standard. La facture reflète évidemment cette plus grande difficulté d'accès au site.

Tennis pour paresseux

Si les courts en terre battue sont le reflet éloquent de la forte tradition associée au tennis, il n'en demeure pas moins que les propriétaires préfèrent les surfaces qui nécessitent moins d'entretien. Ainsi, ce sont les courts à la surface d'acrylique qui composent plus de 90 % des commandes.

L'aménagement d'une telle surface est en principe relativement simple : excavation, pierre, compactage, sable de silice, asphalte et couches d'acrylique. Pour le profane, la rigueur de notre climat n'a aucun effet sur la durabilité des courts de tennis. Ce sont surtout les rayons UV du soleil qui endommagent les surfaces d'acrylique. Les courts de tennis situés en Floride sont donc nettement plus vulnérables que ceux aménagés ici. De plus, la couche de neige qui recouvre le court pendant au moins trois mois se trouve à protéger la surface, non à la détériorer. Les feuilles mortes sont en fait le seul élément pouvant endommager la surface et, encore là, de façon superficielle puisque la structure n'est pas affectée. Par contre, les feuilles mortes laissées trop longtemps en place risquent de tacher la surface.

Il y a aussi les courts dont le revêtement est fait de gazon synthétique, populaire auprès de gens qui jouent quelques fois par année et qui ne veulent pas se préoccuper des tâches d'entretien. L'aménagement d'un court en terre battue est celui qui coûte le moins cher de tous, mais il exige des frais importants d'entretien, notamment à chaque début de saison.

Questions d'argent

Le coût d'un aménagement de court dépend de plusieurs facteurs, les plus évidents étant l'emplacement, sa facilité d'accès, l'état du site et le type de surface choisie. Viennent ensuite la présence et le type de clôture, la qualité de l'aménagement paysager, la présence d'estrades et d'appareils d'éclairage. Une installation de base, sans problèmes majeurs reliés au site, coûte au bas mot 35 000 $ et peut atteindre 60 000 $ dans les cas les plus élaborés. Les travaux sont habituellement réalisés en deçà d'un mois lorsque tout va bien.

À ces frais, il faut prévoir entre 4000 $ et 5000 $ après sept ou huit ans pour refaire la surface d'un court d'acrylique. Les courts de gazon synthétique n'ont pas à être rajeunis avant douze ou quinze ans, selon l'usage qui en a été fait.

L'état général du court au fil du temps dépend de la qualité initiale de sa construction et de l'entretien régulier dont il a fait l'objet.

Il suffit d'une heure par semaine pour nettoyer le court à l'aide d'un boyau d'arrosage ou, encore mieux, à l'aide d'un balai d'eau. Il est déconseillé d'utiliser un balai ou un racloir afin de ne pas égratigner la surface.

Dans le même ordre d'idées, il faut éviter de se promener sur le court avec des chaussures de ville, à talons hauts ou d'autres qui pourraient laisser des traces noires. Il faut aussi souligner à vos ados que le court de tennis n'est pas l'endroit approprié pour faire de la planche ou du patin.

Pour les bricoleurs

Le Québec demeure toujours le royaume du bricoleur, même parmi les gens fortunés. Vous serez peut-être tenté de construire votre propre court de tennis si vous avez le temps qu'il faut. Vous préférez l'approche autodidacte ? Vous trouverez utile de consulter l'ouvrage *How To Build Your Own Tennis Court* sur Internet.

TABLE DES MATIÈRES

LES RÉNOVATIONS 55

L'INVESTISSEMENT.. 133

LE CONFORT ET LA SÉCURITÉ 171

L'EXTÉRIEUR 197